“十四五”时期国家重点出版物出版专项规划项目

世界马克思主义与左翼研究论丛 主 编◎姜 辉

中国社会科学院马克思主义理论学科建设与理论研究工程项目资助出版

待建之世

通向21世纪社会主义的新途

A WORLD TO BUILD

New Paths Toward Twenty-First Century Socialism

MARTA HARNECKER

[智利] 玛尔塔·阿内克尔 著

靳呈伟 译

当代中国出版社

Contemporary China Publishing House

版权合同登记号　图字：01-2021-4891

图书在版编目（CIP）数据

待建之世：通向21世纪社会主义的新途 /（智）玛尔塔·阿内克尔著；靳呈伟译．-- 北京：当代中国出版社，2022.4
（世界马克思主义与左翼研究论丛 / 姜辉主编）
ISBN 978-7-5154-1187-3

Ⅰ．①待… Ⅱ．①玛… ②靳… Ⅲ．①社会主义—研究—拉丁美洲—21世纪 Ⅳ．①D773.021

中国版本图书馆CIP数据核字（2022）第101815号

出 版 人　冀祥德
责任编辑　战盈彤
责任校对　贾云华
印刷监制　刘艳平
封面设计　马　帅　鲁　娟
出版发行　当代中国出版社
地　　址　北京市地安门西大街旌勇里8号
网　　址　http://www.ddzg.net
邮政编码　100009
编 辑 部　（010）66572154
市 场 部　（010）66572281　66572157
印　　刷　北京润田金辉印刷有限公司
开　　本　720毫米×1020毫米　1/16
印　　张　11.5印张　3插页　144千字
版　　次　2022年4月第1版
印　　次　2022年4月第1次印刷
定　　价　49.00元

献给总司令查韦斯！查韦斯的话语、信仰以及对劳苦大众事业堪为模范的奉献，将成为委内瑞拉人民和全世界人民的指南针，将是抵御那些破坏查韦斯开启的非凡事业的企图的最佳护盾。

“世界马克思主义与左翼研究论丛”总序

姜 辉

新中国成立70多年来，特别是改革开放40多年来，伴随着我国社会主义建设和改革事业的发展，我国的世界马克思主义研究经历了从起步到初具规模再到迅速发展的过程，也取得了一系列重要研究成果。国内译介了大量国外马克思主义流派和思潮的代表著作，推出了一批批具有真知灼见的研究成果，对促进我国的马克思主义研究发挥了重要作用。在不断引进、吸收国外著述和成果的同时，我国有关领域的学者坚持“引进来”和“走出去”相结合，不断把当代中国马克思主义研究成果推向世界，从国际视野出发坚持和发展马克思主义。对于世界马克思主义研究，不同领域、不同学科的研究者从不同的研究视角出发，着眼于不同的研究主题，见仁见智地提出了各自不同的观点，甚而进行了针锋相对的思想碰撞。在这样的争论中，世界马克思主义研究视域不断拓展，研究主题逐渐丰富，问题意识日趋明晰，为发展当代中国马克思主义服务的作用也日益凸显。

进入21世纪以来，世界正经历百年未有之大变局。当前，新旧国际秩序加速更替，“东升西降”的发展趋势日益明显，世界发生着有利于马克思主义和社会主义的深刻转变。处于新一轮衰退期的世界资本主义与处于新一轮上升期的世界社会主义之间的竞争和博弈更趋激烈，中国特色社会主义成为世界马克思主义的旗帜和世界社会主义的中流砥柱，且引领示范作用不断上升。我们就是在这样的时代背景和世界形势下推动世界马克思主义和世界社会主义研究，恢复并提振马克思主义真理的力量，提升运用马克思主义研究和解决实际问题的能力，不断推动21世纪马克思主义丰富发展。

总的来说，我国的世界马克思主义研究取得了较大成绩，但同时代和实践发展的要求相比，同发展21世纪马克思主义的时代任务和要求相比，世界马克思主义研究需要全面提升和加强，世界马克思主义学科需要建立、完善和发展，需要从整体上提升世界马克思主义研究水平。从研究层面看，应该从整体上把握世界马克思主义发展趋势，关注世界马克思主义研究的重大理论和现实问题，加强对当代世界前所未有之大变局的研究，加强对当代世界社会主义新情况、新特点的研究，加强对当代资本主义新变化、新趋势的深入研究，加强对当代中国马克思主义、21世纪马克思主义的研究，为在新时代发展马克思主义作出原创性贡献。为了更好地加强对世界马克思主义和西方左翼的研究，中国社会科学院马克思主义研究院策划出版了这套“世界马克思主义与左翼研究论丛”。

本套丛书涉及的研究范围广、问题多，包括马克思主义基本理论，现实社会主义国家发展，发达国家与发展中国家的马克思主义和社会主义，国外左翼政党和社会运动，世界马克思主义流派和思潮，等等。在研究中着重体现了以下方面的原则和特点：

一是加强对世界范围内马克思主义发展的全面系统研究。世界马克思主义流派众多，如何看待这些流派的性质和内容，如何在研究中以我为主、为我所用，是至关重要的问题。我们研究世界范围内的马克思主义，目的是服务于发展当代中国马克思主义、21 世纪马克思主义，所以要以科学、辩证的态度，挖掘有价值的资源，吸收有益成果，拓展我们的视野，得到有意义的启示。习近平总书记指出：“对国外马克思主义研究新成果，我们要密切关注和研究，有分析、有鉴别，既不能采取一概排斥的态度，也不能搞全盘照搬。”[①] 国外马克思主义研究内容庞杂，价值取向多元。有的思潮流派从总体上看是在马克思主义框架中研究问题，基本上属于马克思主义范畴；有的虽以“马克思主义”自称，但从实质上看偏离了马克思主义基本原理和价值取向；有的以“创新马克思主义”为旗号，实际上歪曲和否定马克思主义。为此我们要真正坚持马克思主义立场观点方法，区别根本性质，辨析基本观点，挖掘积极内容，并在具体的历史和社会条件下具体对待各个流派和思潮，用科学辩证的态度来研究和认识国外马克思主义。同时，结合当代马克思主义发展的理论需要和现实需要，坚持问题导向，注重吸收有益资源为我所用，通过比较鉴别获得启示，积极推动马克思主义的理论创新，推动 21 世纪马克思主义的发展。研究中应避免单一化、碎片化、片面化、抽象化、凝固化，秉持批判精神，既深度挖掘国外马克思主义和左翼思潮的合理内核，又分析其立场和方法的局限，认真吸收有益资源，为继续丰富发展马克思主义服务。

二是加强对重大理论和现实问题的研究。当前，全面推进世界马克思主义研究，有三个方面是相互联系、密不可分的：一是世界资本主义研究，二

① 《习近平谈治国理政》第 2 卷，外文出版社 2017 年版，第 67 页。

是世界社会主义研究，三是中国特色社会主义研究。只有坚持问题导向，把这三方面研究有机结合起来，才能全面地看问题，深刻掌握世界马克思主义和社会主义的发展现状和趋势。还有，研究中把关注的焦点集中在21世纪初世界资本主义与世界社会主义的新发展、新变化、新特征，关注两大制度之间在新的力量对比格局下的合作、竞争态势和趋势，关注资本主义危机对两大制度及其关系的影响，关注世界格局和世界体系的演变及走向，关注国外左翼及进步力量的应对战略策略新变化与实践活动新走向，等等，在研究重大理论和现实问题中推动世界马克思主义研究的发展。

三是加强对资本主义发展变化及其新特征的研究。习近平总书记在中共十八届中央政治局第四十三次集体学习时强调指出："当代世界马克思主义思潮，一个很重要的特点就是他们中很多人对资本主义结构性矛盾以及生产方式矛盾、阶级矛盾、社会矛盾等进行了批判性揭示，对资本主义危机、资本主义演进过程、资本主义新形态及本质进行了深入分析。这些观点有助于我们正确认识资本主义发展趋势和命运，准确把握当代资本主义新变化新特征，加深对当代资本主义变化趋势的理解。"[①] 当前，资本主义在经历新的危机后出现了许多全局性、根本性的变化，资本主义各种矛盾激化并深刻影响着世界政治经济格局。要通过全面深刻的研究，把握资本主义变化发展规律及其新特点，在"中国之治"和"西方之乱"的比较研究中，坚定中国特色社会主义的道路自信、理论自信、制度自信、文化自信。

四是加强对世界社会主义及其在21世纪新发展的研究。东欧剧变、苏联解体近30年了，经过时间沉淀、实践检验和历史过滤，在今天不断形成并凸显反映历史真相、趋于客观理性、揭示深层规律的经验教训的总结，意义重大，为21世纪世界社会主义的新发展和走向振兴提供了宝贵的历史借

① 《习近平谈治国理政》第2卷，外文出版社2017年版，第67页。

鉴。加强对国际共运史和东欧剧变、苏联解体的研究，可以以史为鉴，从世界社会主义的曲折发展中吸取教训，坚持和发展新时代中国特色社会主义。当前，中国特色社会主义成为世界社会主义发展的最大亮点，成为世界社会主义的标志性参照系。社会主义中国在世界东方的崛起，正在充分展示着社会主义的优越性、感召力和吸引力。中国在发展崛起中，最重要的是集中精力办好自己的事情，不断提高我们的综合国力，不断改善人民的生活，不断建设比资本主义具有优越性的社会主义，不断为我们赢得主动、赢得优势、赢得未来打下更加坚实的基础。在这样的时代背景下，加强中国特色社会主义与世界社会主义关系的研究，深入研究新时代中国特色社会主义的世界意义，对于21世纪马克思主义和世界社会主义的发展具有重大意义和贡献。

是为序。

2020年5月1日

目　录

导 言

在乌戈·查韦斯（Hugo Chávez）总统逝世一个月后，笔者完成了这本书。没有查韦斯对拉美的介入，也就不会有这本书的诞生。书中的多数内容或多或少地与玻利瓦尔革命的领导人查韦斯及其思想以及他在委内瑞拉、拉美地区乃至全球的行动相关。毋庸置疑，查韦斯所继承的拉美与他留给我们的拉美之间存在巨大不同。

查韦斯 1998 年赢得总统选举时，新自由主义模式业已失败。那时人们面临抉择，或者选择重建新自由主义模式——无疑会有一些变化，诸如更多关注社会问题，但仍然由同一逐利逻辑驱动——或者向前一步，尝试构建另一种模式。正是查韦斯总统以极大勇气将这一对资本主义的替代称为“社会主义”（尽管该词有其负面含义）。他将之称为“21 世纪社会主义”，加上“21 世纪”的限定，是为了将这一新的社会主义区别于在建设 20 世纪社会主义实践中出现的偏离和错误。这一新的社会主义不应“重犯过去的错误”，如使党变得官僚化、人民能动性消失的斯大林模式。

与秘鲁社会主义者何塞·卡洛斯·马里亚特吉（José Carlos Mariátegui）一样，查韦斯认为21世纪社会主义不能“照抄照搬”，而应成为“不畏艰难的创造”，这是他为何提及一种玻利瓦尔式、基督式、鲁滨孙式和美洲印第安式社会主义的原因。他将社会主义理解为一种新的集体生活方式，平等、自由、真正而深刻的民主处于支配地位，人民是主人公，经济制度以人而非利益为中心，存在一种“存在优先于拥有”的反消费主义的多元文化。

人民参与的必要性是作为委内瑞拉总统的查韦斯在演讲中反复涉及的主题，是使其关于民主社会主义的主张不同于他人的一个因素。他确信，各方面的参与能使人成长并获得自信，也就是说，实现他们作为人的发展。

但是，如果查韦斯没有推动为巩固参与进程创造合适空间，这些可能只是停留在口头上。这正是为何他关于创建社区委员会（自我管理的社区空间）、工人委员会、学生委员会和农民委员会的倡议对于出现真正的集体结构至关重要的原因，它最终应该会以一种以共同生活的群体为基本要素的分权国家的新形式呈现。

查韦斯并不像有些人认为的那样天真。他知道，反对此项计划的势力异常强大。但是，作为一个现实主义者，并不意味着必须接受将政治视为只是可能的艺术的保守主义政治观。对查韦斯而言，政治的艺术是将不可能变成可能，不是靠纯粹的意志力，而是通过将既有现实作为起点，努力去创造适宜条件，汇集可能改变现实的社会力量。他知道，使在今天显得不可能的在未来成为可能，要求在国家和国际层面改变力量结构。执政期间，查韦斯成功实现了这一点。他认识到，建构政治权力，高层领导人之间的协议还不够，最重要的任务是打造社会力量的集合体。作为委内瑞拉的领导人，查韦斯认识到，一种替代资本主义的社会同时要求一种替代新自由主义全球化的全球化。查韦斯从未只在一国探索建设社会主义，他完全清楚，这是不可能的，这正是为何他强调要同时在地区和国际层面转变力量集合的原因。

查韦斯很快察觉到在委内瑞拉进行的过渡进程（该进程发挥着作为其他拉美国家类似进程先驱的作用）的独特之处。其中包括，认识到过渡不是从零开始，它的起点是继承而来的国家机器、经济制度和文化。为了走制度之路，第一步因而必然是改变游戏规则。他知道，这一路线会遇到巨大阻碍，但必须克服。查韦斯认为，为了在通向政府不再是一个统治社会的机构而是一个服务社会并为社会所控制的工具的道路上取得进步，需要一个强力政府。以强力政府为开端，为实现国家主权和地区一体化所创造的国际条件将成为可能。强力政府推动从继承而来的制度向能为建设新社会创造条件的新制度转变——一部新宪法，新的法律主体，地方权力的更大发展，等等。最重要的是，这一继承而来的政府，现在为革命干部所掌控，鼓励提升人民的组织程度和主人翁意识，这是自下而上建设一个新政府的必要因素。

查韦斯的这些观点多数将在本书中得到进一步发展，并更新、扩展、深化为刊发在 2010 年夏天的《每月评论》上的《拉丁美洲和 21 世纪社会主义：创新以避免错误》的主题。近期的文章[①]也有所涉及。

本书包括三个部分。第一部分，“拉美的进展”，系对近几十年来拉美发生的事情的概述，包括政治地图的调整、导致这些变化的社会动员、美国与拉美地区力量集合的变化以及世界上最大帝国主义国家试图重新殖民和统治拉美的尝试。鉴于“与其用特定分类框定政府，不如评估其表现，始终牢记其运行的力量集合”的认识，第一部分的最后以关于拉美国家的政府类型学收尾。这要求我们少聚焦于这些政府推进变革的速度，多着眼于它们前进的方向，速度将在很大程度上取决于它们解决遇到的问题的能力。

① Marta Harnecker, “Five Reflections About 21st Century Socialism,” *Solidarity Economy*, June 18, 2012; Marta Harnecker, “Conquering a New Popular Hegemony,” *Links*, September 21, 2012.

第二部分，“我们将向何处去？21世纪社会主义”，力图帮助读者认识到，即使“社会主义”一词有消极含义，讨论社会主义依然很有价值；马克思主义原初思想的哪些部分应该得到抢救；一些拉美政府的实践产生了哪些新认识；我们经历的过渡阶段的特征；这些政府面对巨大限制时可以做什么；评价它们的表现时应该用什么样的标准。笔者相信，所有这些要素可以帮我们找到方向。

第三部分，“新领导权的新政治工具”，关注“如何实现必要的力量集合以克服建设新社会道路上遇到的困难以及它与新领导权的关系”的话题。笔者认为，在世界上的许多地方，资产阶级的文化霸权正在衰落，但这不必然意味着一个新的大众领导权适时出现。这不会同步发生。需要一个新政治工具，一个能帮助我们建构新领导权的政治组织。考虑到当下对政治和政治家的普遍反对，笔者这里不是在讨论旧左翼的传统政党，而是一种新的政治形式，它服务于而不是去操纵社会运动。笔者概述了为何一个政治工具对建设21世纪社会主义是必要的，其主要任务是什么，我们今天需要什么类型的积极分子和政治文化。为此，笔者认为，同政治组织和政府的领导人通常会犯的官僚主义作斗争，保护力图阻止官僚主义发生的公开批评，是最基本的。

值得指出的是，尽管笔者显然吸收了知识分子的观点和研究成果，本书的基本观点并非来自阅读大量文本，而是第一手研究拉美不同国家多样斗争和实践经验的结果。

许多无名合作者为本书作出了贡献。笔者要特别感谢迈克尔·莱博维茨（Michael Lebowitz），本书吸收了他的许多观点；还要特别感谢希梅娜·拉巴拉（Ximena la Barra），她通读了全书，并提出了一些有价值的建议和贡献。笔者感谢那些无论是在研究还是在活动领域真正有革命激情的人，他们使本书成为可能。笔者热情期望本书能为一个美好未来（四分之一个世纪前这个未来似乎不可能，而今已不遥远）成为可能贡献绵薄之力。

第一部分　拉美的进展

一、反对新自由主义的先锋

拉丁美洲是最早引入新自由主义政策的地区。笔者的祖国智利，早在玛格丽特·撒切尔（Margaret Thatcher）政府在英国推行新自由主义政策前，就已成为新自由主义政策的试验田。由于新自由主义政策在拉美导致贫困增加、社会不公加剧、环境破坏以及工人阶级和民众运动的削弱，拉美也成为最早反对新自由主义政策的地区（当然这是个逐步的过程）。

东欧剧变后，左翼和进步力量最早开始在拉美地区恢复。拉美民众在历经二十多年的苦难折磨后，产生了新希望。起初以反对新自由主义政策斗争的形式，几年后，人民采取了攻势，开始掌控政权[①]。

以新自由主义模式的危机为背景，来自左翼和中左翼阵营的候选人在大多数拉美国家成功赢得选举，这在拉美历史上开创先河。

让我们铭记，当 1998 年查韦斯赢得大选时，委内瑞拉是一个被新自由主义汪洋覆盖的大陆上的孤岛（当然，可敬的古巴除外）。不久后，里卡多·拉戈斯（Ricardo Lagos）2000 年在智利当选，路易斯·伊纳西奥·卢拉·达席尔瓦（Luiz Ignácio Lula da Silva）2002 年在巴西当选，内斯托尔·基什内尔（Néstor Kirchner）2003 年在阿根廷当选，塔瓦雷·巴斯克斯（Tabaré Vázquez）2005 年在乌拉圭当选，埃沃·莫拉莱斯（Evo Morales）2005 年和 2009 年在玻利维亚当选，米歇尔·巴切莱特（Michelle Bachelet）2006 年在智利当选，拉斐尔·科雷亚（Rafael Correa）2006 年、2009 年和 2013 年在厄瓜多尔当选，

① 本书第一部分受益于智利观察员希梅娜和墨西哥观察员安娜·埃丝特尔·切塞尼亚（Ana Esther Ceceňa）的有价值贡献，她们在读了早期书稿后，提出了有价值建议和需要考虑的新要素。

丹尼尔·奥尔特加（Daniel Ortega）2006年和2010年在尼加拉瓜当选，克里斯蒂娜·费尔南德斯（Cristina Fernández）2007年和2012年在阿根廷当选，阿尔瓦罗·科洛姆（Álvaro Colom）2007年在危地马拉当选，费尔南多·卢戈（Fernando Lugo）2008年在巴拉圭当选，毛里西奥·富内斯（Mauricio Funes）2009年在萨尔瓦多当选，何塞·穆希卡（José Mujica）2009年在乌拉圭当选，迪尔玛·罗塞芙（Dilma Rousseff）2010年在巴西当选，奥兰塔·乌马拉（Ollanta Humala）2011年在秘鲁当选，查韦斯2012年再次连任①。

笔者赞同古巴理论家罗伯托·雷加拉多（Roberto Regalado）的观点，他认为这些领导人是异质的，"在玻利维亚、厄瓜多尔和委内瑞拉等国家，新自由主义制度的崩溃或极度虚弱使借助左翼组织和政治资本的强力领导人赢得总统宝座。在洪都拉斯和阿根廷等国，由于没有来自劳苦大众的候选人，来自传统政党的进步人士赢得了选举。"②

（一）民众运动：伟大的主角

可以说，在每个国家，民众运动和非政党组织以不同方式处于反对新自由主义斗争的最前线。即使在那些左翼政党发挥重要作用的国度，左翼政党也不是反对新自由主义的先锋，民众运动才是。这些运动兴起于新自由主义模式面对合法性危机以及其政治制度面临危机的大背景下。多数情况下，它们受所在社区或地方组织对新自由主义的反抗所驱动。

1. 对主要社会动员的回顾

让我们简要回顾一下那些为形成今日拉美的局面开辟道路的最重要的社会斗争。毫无疑问，新现实与菲德尔·卡斯特罗（Fidel Castro）1985年开启的

---

① 查韦斯总共赢得四次总统选举（1998年、2000年、2006年和2012年）和一次罢免公投（2004年）。

② Roberto Regalado, Introduction to *América latina hoy ¿reforma o revolución?*（Mexico: Ocean Sur, 2009）, ix.

拒付外债斗争明显不同[①]。

卡拉卡佐，委内瑞拉。1989 年 2 月 27 日，委内瑞拉爆发了一场浩大的社会抗议，反对国际货币基金组织要求并由卡洛斯·安德烈斯·佩雷斯（Carlos Andrés Pérez）政府推行的一揽子新自由主义经济举措。法国著名知识分子伊格纳西奥·拉莫内（Ignacio Ramonet）认为委内瑞拉人民“是世界上最早起来反对新自由主义暴政的”，他们在新自由主义模式在全球方兴未艾时就这样做了[②]。

一揽子举措包括削减公共开支、放开价格和贸易、增加外资、私有化国有企业等。引发民众反对的最为直接的原因是油价大幅上涨导致交通成本增加。

大量贫民窟的居民走上街头，焚烧公交车、抢劫并破坏超市和商店。军队被要求出来维持秩序。卡拉卡佐——因反抗活动的中心在委内瑞拉首都而得名，尽管类似抗议也出现在其他州——最终以大屠杀[③]结束，成为许多青年军官完成政治化的一个决定性因素。

20 世纪 90 年代厄瓜多尔原住民领导的斗争。截至 1986 年，新自由主义导致厄瓜多尔工人运动和劳工统一阵线（Frente Unitario de los Trabajadores）分裂的现象已显而易见。饮用水、污水处理、垃圾回收等服务均被私有化，成千上万的市政工人被解雇。工人运动持续走低的同时，厄瓜多尔国内矛盾日益尖锐。20 世纪 90 年代初，厄瓜多尔成为一个火药桶，出现针对领地的

---

① 在《反对外债的斗争，西班牙的运动和国际运动》（埃丝特·维瓦斯，马德里，2007）序言中，埃里克·图桑认为，“古巴扮演了先锋角色。它试图推动成立不支付外债的国际阵线，但遗憾的是未获得其他政府的支持。”此运动“获得了一些重要农民组织、工会、政党的支持……在巴西、阿根廷、秘鲁、厄瓜多尔和墨西哥。它是包括街角动员、出版著作、信息资料在内的民众运动。拉美政府最终选择打造一个不支付联合阵线。”

② 伊格纳西奥·拉莫内在 2013 年 2 月 2 日纪念加拉加斯事件 24 周年活动上的演讲，见：http://www.youtube.com/watch?v=W7vIIC9fgVg.

③ 大屠杀准确死亡人数成谜。官方说法是 372 人，但一些人权组织给出的数字是 5000 人。

占地和呼唤土地改革的浪潮。

原住民运动自 1990 年占领圣多明各教堂起登上历史舞台。占领持续了十天，引发全国对原住民的重视，迫使罗德里戈·博尔哈（Rodrigo Borja）政府与原住民运动开展对话。

不久后，原住民运动开始提出诸如反对石油私有化及其他私有化之类，这体现出全国性关切的要求。包括基于社区的社会运动和受解放神学影响的激进青年运动在内的非原住民运动开始加入原住民运动的抗议。后来发起成立了广泛的爱国阵线（Frente Patriótico），该国最大原住民组织原住民民族联合会（CONAIE）在其中扮演了领导角色。

1995 年，原住民、城市、青年等社会运动的广泛联盟组建了"不联盟"（Coordinadora por el NO），并成功挫败了政府通过公投使新自由主义进一步制度化的图谋，该建议被 75% 的选民投票否决。

由于原住民对新自由主义的抵制，政府无法实现对石油、电力和通信等领域的战略公司的私有化。1997 年，原住民运动起来罢黜了总统阿夫达拉·布卡拉姆（Abdala Bucaram）。原住民运动建议成立制宪会议的主张被接受，但是右派组织起来并成功控制了进程。尽管 1998 年宪法承认了原住民的一些权利，也完善了深化新自由主义的制度框架。

2000 年伊始，一次反对私有化的原住民起义和平占领了国会，罢黜了总统哈米尔·马瓦德（Jamil Mahuad）。原住民运动逐渐成为政治行动的一个轴心以及推动国家转型的任何尝试的一个必要因素[①]。

智利马普切人运动——处于反对新自由主义斗争的第一线。马普切人是一个居住在智利阿劳卡尼亚地区的原住民，他们深受军事独裁政权和后继的

① Marta Harnecker, *La izquierda después de Seattle*（Madrid: Siglo XXI,2002）, in particular "Primera Parte, Capítulo V. Ecuador: Movimiento indígena encabeza la lucha"; and Marta Harnecker, *Ecuador: Una nueva izquierda en busca de la vida en plenitud*（Caracas: Monte Avila, 2013）.

中左翼政党联盟政府推行的新自由主义农业政策的影响。马普切人不仅被从土地上〔在爱德华多·弗雷（Eduardo Frei）基督教民主党政府推行的土地改革中获得，得到萨尔瓦多·阿连德（Salvador Allende）社会主义政府的认可〕驱逐，也为经济自由化进程、林业和旅游业中的外商直接投资及在他们的居住地上马的大型能源项目所影响。所有这些直接导致整个族群被迫迁移、农业活动遭到的破坏与日俱增、土地退化、水污染、环境破坏。

20 世纪 90 年代初，一个马普切人组织——所有土地委员会（Consejo de Todas las Tierras），对已成为私人土地的祖地进行了各种象征性占领。直到 1997 年，此类要求仅限于私人社区。1997 年起，“对领地的需求出现了其他形式，土地、自然资源、参与和发展等被整合在了一起”。这使得马普切人运动“形成了新话语，打造了超社区联盟”。正如智利观察员维克托·托莱多·兰卡凯奥（Víctor Tolédo Llancaqueo）所言，实现了从“土地矛盾”向“领地矛盾”的转变[①]。“他们不再单纯要求土地，而是空间，有自己的水、生物和可耕种土地的领地，以及参与影响他们领地的决策的权利。”[②]

为控制这些斗争，中左翼政党联盟政府和塞瓦斯蒂安·皮涅拉（Sebastián Piñera）政府试图通过家长式福利政策拉拢马普切人运动。发现通过此政策不能让马普切人妥协后，他们转而系统镇压马普切社区及其领导人（许多领导人被投入监狱）[③]。因此，出现了另一种形式的斗争——绝食抗议。2006 年 3 月，三名原住民领导人和成为马普切人反对国家斗争的象征的帕特里夏·特龙科索（Patricia Troncoso）开始了绝食抗议，在世界范围内引起巨大反响。从那以后，此种类型的抗议成为迫使政府聆听需求的常用斗争形式的代表。

---

① Víctor Toledo Llancaqueo, *Pueblo mapuche: Derechos colectivos y territorio,Desafíos para la sustentabilidad democrática*（Santiago de Chile: LOM ediciones, 2006）, P.103.

② Ibid., PP.104-105, P.107.

③ 此镇压受到联合国原住民事务特别报告员罗多尔福·斯塔文哈根、佩德罗·卡尤基奥等人的谴责。

乌拉圭反对私有化公投的胜利。1992年12月，反对新自由主义斗争的最早期胜利之一出现了：乌拉圭人民在一次公投中成功废除了于1991年通过的授权私有化大型国有企业的法律，这鲜为人知[①]。

广泛阵线（Frente Amplio）开展了包括借助大量电视辩论在内的声势浩大的宣传活动，解释私有化意味着什么以及认为它危险的原因。这意味着当人民选举时，他们知道投票支持的是什么方案。这是为何不同评论员对乌拉圭的第一次现代选举评价不一的原因。

公投团结了来自不同政治背景的选民（占总选民的70%），支持了一个具有巨大政治潜力的运动。这一广泛的支持源于特定事实，即广泛阵线的领导层在内部激烈争论后，决定不像激进派建议的那样去挑战整个法律及其30项条款，而是聚焦于涉及战略公司的5项关键条款。

与此同时，该政治组织意识到，一场媒体运动远远不够，有必要精心组织，从街区到街区，尽可能挨户进行，开展运动。代表乌拉圭人口中相当大比例的退休工人，在此项任务中发挥了重要作用。

两年后的1994年，政府试图修宪以深化新自由主义。退休工人这一深受社会保障制度私有化影响的群体，再次成为反对修宪的力量之一，尤其在该国腹地开展了大量草根运动。大量有经验的优秀工会领导人帮助创建了全国退休工人组织（Organización Nacional de Jubilados），该组织在全国进行动员，准备战斗。由于其成员均已退休，他们能整天积极参与活动[②]。最终，政府的倡议被否决。

墨西哥萨帕塔民族解放运动（Ejército Zapatista de Liberación Nacional）反对北美自由贸易协定的斗争。1994年1月1日，在墨西哥东南边境恰帕斯的

① Marta Harnecker, *Forjando la esperanza*（Santiago de Chile: LOM ediciones, 1995）.

② Ibid., PP.177-178.

原住民城镇，萨帕塔民族解放运动登上舞台，举起反对北美自由贸易协定的大旗。且不论他们的斗争多么成功，笔者认为此运动对于认识墨西哥原住民遭受的压迫和歧视至关重要。而且，所有人都承认，萨帕塔民族解放运动就国际问题发出的令人惊叹的倡议引发了各界特别是知识分子和学生对其事业的极大同情和支持。萨帕塔民族解放运动不仅能在其活动的领域打造社会力量，也能影响全国和国际层面的公共舆论，在许多情况下，左翼多难以做到这一点[①]。

巴西农村无地工人运动（Movimento dos Trabalhadores Rurais Sem Terra）——反对新自由主义的主要全国性运动。在巴西，农村无地工人运动在反对新自由主义的斗争中居于至关重要的位置，促进了无地、无家可归、无业等被制度排斥在外的群体的整合[②]。尽管被右派批评为激进主义，农村无地工人运动却被越来越广泛的社会部门所尊敬，他们在此运动中发现了许多左翼政党所缺乏的政治一致性和意识形态关切。

尽管其斗争可以回溯到 20 世纪 80 年代中期，农村无地工人运动自 1995 年召开的第三届代表大会起才开始取得全国和国际性优异表现。该大会指出，除非改变新自由主义经济模式，否则巴西不会有土地改革；如果全社会开始将争取土地的斗争视为合法和必要的斗争，才有可能朝着那个方向前进。

农村无地工人运动认识到，为阻止新自由主义发展，有必要在全国和国际层面确立一个广泛联盟政策。行胜于言，农村无地工人运动将自身转型成为重要动员的主要倡议者。关于外债和反对美洲自由贸易协定的公投以及

---

① Harnecker, *La izquierda después de Seattle*.

② 成立于 1984 年的巴西无地工人运动团结了佃农、佃户、农村工人、居民和小农。据估计，从军事独裁结束后至今，大约 80 万家庭获得土地，大约 45 万家庭追随无地工人运动，另有 8 万至 10 万家庭加入要求土地的占领阵营。

反对转基因生物的斗争，使农村无地工人运动与全世界的农工组织建立了联盟[①]。

玻利维亚的“水战争”。2000年，在拉美地区最为忠实地执行新自由主义结构改革［根据新自由主义模式的主要缔造者之一杰弗里·萨克斯（Jeffrey Sachs）的设计］的国度——玻利维亚，爆发了所谓的“水战争”[②]。

在政府对国有企业进行一系列的私有化之后，该国的第三大城市科恰班巴，出现了反对水私有化的抗议。直到玻利维亚政府决定放弃并撤销给予自来水公司（Aguas de Tunari）的特权后，抗议才终止。

墨西哥观察员安娜·埃丝特尔·切塞尼亚（Ana Esther Ceceña）描述道，“在极短的时间内，整个城市组织了一个将所有社会部门整合在一起的抗议。群众占领了城市并阻止安全部队进入，直到政府放弃私有化并答应城市的供水由群众代表联合管理。”[③]

此次抗议是民众动员大潮的第一波：高原艾马拉原住民的起义，后来获得全国和国际声誉的莫拉莱斯领导的古柯种植者捍卫古柯的抗议，警察起义，燃气战争，奥尔托原住民农工的起义，等等。所有这些动员助力莫拉莱斯2005年赢得总统选举。

巴西反对外债和美洲自由贸易协定的公投。在“欢庆2000”（Jubilee 2000）运动框架内，600万巴西人参与了反对外债的全国公投，90%多的

① Marta Harnecker, *Sin Tierra: Construyendo movimiento social*（Madrid: Siglo XXI, 2002）.

② Marta Harnecker and Federico Fuentes, *MAS-IPSP: Instrumento político que surge de los movimientos sociales*（Caracas: CIM-Monte Ávila Editores, 2008）, in particular chapter 1 of Part 2, “Explosiones sociales y ciclos de lucha.”

③ Ana Esther Ceceña, “Procesos emancipatorios y militarización de nuestra América en el siglo XXI,” *Línea Sur 4*（Ministerio de Relaciones Exteriores, Comercio e Integración, Ecuador）2013: 86.

民众投票支持不支付外债[①]。一些组织公投的团体——包括相当数量的民众运动、一些政党和宗教组织，如巴西全国主教会议（Conferência Nacional dos Bisbos do Brasil）和基督教教会理事会（Consejo Nacional de Iglesias Cristianas）——继续领导了另一个很快就具有了洲际特征的倡议，即反对美洲自由贸易协定的公投。这次非正式公投于 2002 年 9 月举行，是一次重要动员，取得了毋庸置疑的成功，约 1000 万人投票，其中 98% 反对美洲自由贸易协定。这一结果得益于公投前的浩大教育运动和动员，15 万多志愿者参与了事前教育和草根运动，经常户到户地去讲解美洲自由贸易协定的负面影响[②]。

规模略小的类似事件在不同拉美国家上演，都提出同一问题：你是否同意政府签署美洲自由贸易协定?

毫无疑问，这一民众自我意识增强和基础广泛的动员对于拉美领导人的观念具有重要影响，他们于 2004 年投票否决了由美国政府发起的这一经济倡议。

阿根廷的民众动员将四位总统拉下马。2001 年至 2002 年，受“围路者”（Piqueteros）这一失业工人运动的影响，阿根廷民众从“昏睡”中醒来。“围路者”运动的出现是新自由主义政策影响的结果，反对“可疑的财政政策、政治犬儒主义和全国范围的政府腐败”，并“在一个月内接连使四位总统下台”，“抗议不断拓展，纳入反对整个政治制度的内容，形成安全感和‘他们都必须下台’的共识。”[③]

① Thomas E. Ambrogi, “Jubileo 2000: La campaña para la cancelación de la deuda,” *Revista del Sur*, September 1999, http://old.redtercermundo.org.uy/revista_del_sur/texto_completo.php?id=735.

② Justino Martínez Pérez, “Triple *grito* por dignidad, justicia y vida,” *Red Ciudadana por la Abolición de la Deuda Externa*.

③ Ceceña, “Procesos emancipatorios y militarización de nuestra América en el siglo XXI,” P.89.

智利学生起义反对新自由主义制度及其教育模式。2006年4月，深刻感受到一个有缺陷的公共教育制度的消极影响的智利高中生，克服自独裁政权以来就持续弥漫在智利社会的恐惧，奋起在全国范围内质疑教育制度。“企鹅革命”（因学生身穿黑色裤子和白色衬衣而得名）是智利社会的一个分水岭。

尽管学生运动最终为米歇尔·巴切莱特（Michelle Bachelet）政府所平息，这些斗争仍被铭记在其拥护者的心中。2006年学生运动的一些领导人重新出现在2011年大学生运动的政治舞台上，高中生也很快加入此次学生运动。不像国际媒体试图描绘的那样，此次新学生运动既不是自发的，也不是当时的学生领袖智利共产党员卡米拉·巴列霍（Camila Vallejo）的创造；而是20世纪90年代民主化斗争、2001年学生运动和“企鹅革命”等“社会斗争累积”的结果[①]。

约10万人走上街头支持学生运动及其争取不以牟利为目的的教育制度的斗争，这是多年来少见的一种全国性的支持。学生运动也得到全国人民的广泛同情。智利大学生联合会（Federación de Estudiantes de la Universidad de Chile）主席安德烈斯·菲尔鲍姆（Andrés Fielbaum）认为，“债务”并不是仅仅影响学生，而是影响整个智利社会，因为它是“人民为其基本权利付出代价的方式”[②]。

“不只是学生起义，显然，他们的家人和所有人民都是后盾。”[③]智利社会学家托马斯·穆利安（Tomás Moulián）认为，“信用卡卡奴”（Credit Card Man）开始从得到良好执行的新自由主义驯化过程中解放自己[④]。

① Gabriel Boric, ex-president of FECH in 2011, interviewed in Marta Harnecker, “Entrevista colectiva a dirigentes estudiantiles de la FECH,” Santiago de Chile, November 25, 2012, unpublished manuscript.

② Ibid.

③ Author’s interview with Francisco Figueroa, FECH vice president, November 2011.

④ Tomás Moulián, *Chile actual, anatomía de un mito*（Santiago de Chile: Ed.Arcis/LOM ediciones, 1997）,PP. 102-114.

2011年学生运动代表了一种质上的飞跃。智利大学生联合会前主席加夫列尔·博里科（Gabriel Boric）指出："几年前，我们只能动员那些早已被说服者、左翼活动家或鼓动者、那些参加所有游行的人。这一次，许多从未参与过游行的人参与进来。"①这也揭示了传统政治领导人与民众情绪之间的隔阂②。

智利学生运动摒弃了传统政治方式，不再容忍被政党所操控，通过一种非常民主的方式进行决策。在所谓的"集会进程"（Assembly Process）中，公开讨论观点，集体决策。而且，领导人必须经常向草根报告他们执行已经作出的决定的情况。设立了类似政治委员的监察员（Veedor）一职，这是一种与民众运动而非政党相连的委员，其职责是监督领导人。

学生运动的另一重要成就是其接受不同学生群体之间的差异性的能力，认识到有必要团结以共同斗争并以最合适的方式达成运动的需求。

在斗争最激烈的时候，学生运动的要求开始变得激进，不仅质疑教育制度的本质、呼吁实现所有人免费公共教育，还质疑全球政治制度，将召开制宪大会转变与独裁时期一样的政治游戏规则提上政治议程。他们也要求重新实现铜的国有化，其收益足以支付所有人获得有质量的免费教育的费用。也就是说，学生运动的基本目标在"改变模式本质"的方向上③。

墨西哥瓦哈卡州建立了自己政府的社会运动。墨西哥瓦哈卡州全体人民2006年6月起来反对镇压抗议教师，要求州长辞职。成立了瓦哈卡人民大会（Asamblea Popular de los Pueblos de Oaxaca），在六个月的时间里该地区"变成瓦哈卡公社，在中央广场召集镇民大会"④。

① Harnecker, "Entrevista colectiva a dirigentes estudiantiles de la FECH."

② Andrés Fielbaum, in ibid.

③ Gabriel Boric, in ibid.

④ Ceceña, "Procesos emancipatorios y militarización de nuestra América en el siglo XXI," P.89.

厄瓜多尔"流亡者"（Los Forajidos）运动。2006年，厄瓜多尔基多发生反对卢西奥·古铁雷斯（Lucio Gutiérrez）的"流亡者"运动，因为古铁雷斯背叛了第一次当选时的反新自由主义竞选纲领，正是民众尤其是原住民运动的支持他才成功当选[①]。在此次运动中有许多有趣的因素：第一，主角不是曾支持古铁雷斯并随后因其背叛而遭受巨大打击的社会部门，而是一次"没有特定明确的基准点，且青年居多"的动员。第二，"组织网络模式，首先是在中产阶级之间，还包括受种族主义歧视所驱动的上层"是其特征。第三，电台特别是"La Luna"电台扮演了集体组织者的关键角色[②]。

意识到继承既有制度的局限性，一系列这样的动员提出了制宪大会的要求。

委内瑞拉、玻利维亚、厄瓜多尔的制宪进程为民众公投所认可，得以依靠当选的魅力型领导人的有效领导与来自群众基础（有能力根据自身的正义和主权议题进行联合、组织和动员）的强大压力的结合[③]。

上述运动的主要教训。尽管可以从这些民众斗争中吸取许多教训，其中最重要的一点是，建立一个寻求联合所有可以联合的力量的广泛联盟的战略被事实证明是正确的。斗争的具体目标是在这些多样的团体（每个都有自身不同的传统和政治实践）中达成共识。

2. 新旧社会运动

在这些抵抗斗争中，伴随旧社会运动出现了新社会运动，特别是农民运动和原住民运动。它们是多元的，其中解放神学、革命民族主义、马克思主

---

① "流亡者"是古铁雷斯给抗议者的蔑称，后来推翻古铁雷斯的运动借用了该词回击。

② 为写作《厄瓜多尔：寻求富足生活的新左翼》一书，笔者访谈奥斯瓦尔多·莱昂，他说："精英中的一部分视古铁雷斯为一位不能成为厄瓜多尔总统的混血儿"。

③ Ximena de la Barra, "Estructuras legales transformadoras en América latina en el siglo XXI," *Revista Sociedad y Equidad 1*（January 2011）.

义、原住民主义和无政府主义并存。超越以往仅关注影响自身的特定即时事项，这些运动的参与者开始关注全国性议题。这不仅丰富了他们的斗争和要求，也使他们得以联合不同社会部门，所有社会部门都感受到同一制度的影响。

传统工人运动除了极少数场合外，在拉美大部分政治事件中不见身影。诸如危险的劳动条件和分包等新自由主义经济举措的实施，严重打击了传统工人运动。在那些有工人参与的场合，它并不处于斗争的第一线。

这些运动一般肇始于一个反对政治和政客的立场，但随着斗争的推进，逐渐从毫无政治立场的单纯反对新自由主义转变为对既有政权的质疑日益增长。其中一些运动，如厄瓜多尔主权祖国联盟运动和玻利维亚争取社会主义运动，更是打造了它们自己的政治工具。

（二）新自由主义在拉美失去合法性

新自由主义在拉美的鼎盛时期早已过去。弗朗西斯·福山（Francis Fukuyama）1989 年声称的“历史的终结”从未到来[①]。当前的全球资本主义经济危机是对福山“历史终结论”的一种回击。

有意思的是，在福山发表“历史终结论”几个月后，柏林墙倒塌以及随后的东欧剧变似乎证明了他是对的。同年，委内瑞拉出现了反对新自由主义的第一次社会运动。上文提及的其他社会运动也随即很快出现。

尽管大多数拉美政府依然秉持新自由主义教义，但很少捍卫这一模式。因为新自由主义被证明无法解决拉美国家面对的迫切问题，它丧失了合法性。

埃米尔·萨德（Emir Sader）认为，拉美存在“霸权危机”，“新自由主义模式和领导它的权力集团被削弱、拖垮，只能通过以缓和的方式推行该模式

① Francis Fukuyama, “The End of History?” *The National Interest*（Summer 1989）.

来生存（巴西、阿根廷和乌拉圭都是如此）”[①]。

鉴此，似乎只有两种替代选择：或者革新资本主义，或者向一种聚焦满足人的需求、使让绝大多数人民而非精英受益的拉美经济发展成为可能的替代经济方案转变。

新自由主义经济模式在给拉美人民带来积极经济结果方面的无能，也给资产阶级民主政治模式的信誉造成消极影响。人民不再对此种政府形式持有信心，越来越不愿意接受选举人和当选人之间存在的巨大鸿沟。

随着资产阶级民主政体丧失信誉，传统政党开始面临危机。人们变得怀疑政治和政治家。拉美晴雨表（Latinobarómetro）每年的调查可以说明这一现象。1998 年，查韦斯当选时，只有 37% 的拉美人民对民主制度表示满意，委内瑞拉的相应比例更低，只有 35%。到 2007 年，拉美人民对民主制度满意度的均值维持在 37%，而委内瑞拉的相应比例却蹿升至 59%。

拉美晴雨表 2008 年调查显示，委内瑞拉对民主的满意度上升至 82%[②]。在一个被指控为“独裁”的国家，这么大比例的民众表达了对民主的满意，这有些矛盾。有意思的是，其他拉美国家的满意度均值从 37% 升至 57%。得出“当左翼政府推行的政策开始取得结果时，人民开始对民主制度有了不同认识”的结论似乎不是不恰当。拉美晴雨表 2011 报告指出，多数拉美国家对民主的支持有所下降，拉美面临的经济问题是其中一个原因。尽管委内瑞拉民众对民主的满意度下降了 7 个百分点（从 84% 下降到 77%），但仍然是拉美地区的最高满意度，其次是乌拉圭的 75% 和阿根廷的 70%。

报告强调的另一个有意思的现象是，国际社会对特定政府的认识与该国

① Emir Sader, “La crisis hegemónica en América Latina,” in Raúl Jiménez Guillén, Elizabeth Rosa Zamora, et al., *El desarrollo hoy en América Latina* (Mexico City: Colegio de Tlaxcala, 2008) , P.18.

② Latinobarómetro Report 2008 is available at http://www.latinobarometro.org/latContents.jsp.

人民对同一政府看法之间的对比：

> 2011 年，我们看到了公民的要求如何导致成百上千智利人走上街头，起初是为了（免费）教育，随后是为了包括要求结构变革在内的许多其他目的，所有这些目的都给政府宣称的成功和如何界定成功打上大大的问号。智利的案例清晰说明，忽视信心崩塌和不公正的再分配的发展道路是行不通的。智利宏观经济表现良好并未让民众相信事情沿正确的方向发展。委内瑞拉的案例正好相反，多数民众支持查韦斯政府采取的行动，而世界对此持以否定态度。无疑，民众如何看他们自己的发展和世界如何看一个国家的进展之间存在高度的不一致。

智利的“蛋糕”不可否认地做大了，但对分配蛋糕的不公平方式的反对却与日俱增[①]。

抛却媒体战，我们看到，关于新自由主义导致的不公正，人民的认识和觉悟很快有了质的提升，并很快在选举的时候通过支持提出反对新自由主义纲领的政府展示了力量。

二、力量的联合

显然，查韦斯 1998 年当选后，拉美的政治格局有了极大改变。形成新的力量联合，使美国在拉美地区达成目标的难度增大。同时，美国也试图通过升级对拉美国家的进攻来阻止这一进步。

---

① Latinobarómetro Report 2011 is available at http://www.latinobarometro.org/latContents.jsp.

美国政府在拉美开展军事演习的自由度不再像原来那样高。美国政府不得不同不听使唤拉美地区的政府协商，而后者的议程经常与白宫的议程冲突。巴西劳工党（Partido de los Trabajadores cle Brasil）全国执委会委员、圣保罗论坛（Foro de São Paulo）执行秘书瓦尔特·波马尔（Valter Pomar）认为，1998 年至 2003 年间，形成了可以限制外来干涉的力量联合[①]。

我们来看一些证明上述观点的事实。

（一）表明进步力量发展的事实

美国遭遇第一次重大失败：美洲自由贸易协定被抵制，美洲玻利瓦尔联盟成立。美国政府无法将美洲自由贸易协定强加于拉美国家。而作为美洲自由贸易协定替代的美洲玻利瓦尔联盟则于 2004 年 12 月 14 日成立，它最初是古巴和委内瑞拉之间的协议[②]。随后玻利维亚（2006 年）、尼加拉瓜（2007 年）、洪都拉斯（2008 年）、多米尼加（2008 年）、安提瓜和巴布拉（2009 年）、圣文森特和格林纳丁斯（2009 年）、厄瓜多尔（2009 年）纷纷加入。洪都拉斯在 2009 年反对塞拉亚的政变后退出美洲玻利瓦尔联盟。尽管乌拉圭不是其成员，但于 2013 年 3 月签署协议使用美洲玻利瓦尔联盟的货币苏克雷。

希梅娜·拉巴拉认为，美洲自由贸易协定的失败"被 2005 年底的美洲国家组织马德普拉塔峰会所夯实，届时美国最后一次尝试挽救这一旨在维护帝国主义统治的贸易方案。美国第一次被自己创建的组织挑战。社会运动在峰会上赢得了在地区政治进程中扮演主角的权利。"从那时起，"一体化不再单纯是多多少少从属于外国资本和帝国主义中心设计的政府的事，成为人民的

① Valter Pomar, "10 anos de PT no governo e o desafío de uma esquerda socialista de massas: Entrevista especial con Valter Pomar," *HIU On-Line*,March 30, 2013.

② 美洲玻利瓦尔联盟—人民贸易协定（ALBA-TCP），通常以其简称"ALBA"为人所知，是一个拉美和加勒比国家一体化的平台，强调反对贫困和社会排斥，受左翼理想激励。

事。”[①]面对这种局面，白宫寻求与智利、乌拉圭、秘鲁、哥伦比亚等国，并借助多米尼加共和国——中美洲自由贸易协定（Dominican Republic-Central America Free Trade Agreement）与一拨中美洲国家签署双边协定。白宫还提升太平洋联盟（Alianza del Pacífico）在其无条件支持者中的地位，作为遏制拉美反霸权一体化进程的一种手段。

厄瓜多尔关闭美军曼塔军事基地。2008年12月1日，厄瓜多尔总统科雷亚宣布，他将不再续签允许美军南方司令部（U.S. Southern Command）在厄瓜多尔城市曼塔设有军事基地的协议。这个协议签署于1999年，2009年到期。这是对五角大楼的一个巨大打击，因为该基地是美军在拉美最大的指挥中心。

厄瓜多尔有充足的理由作出这一决定。2008年3月1日发生的对其主权明目张胆的侵犯（哥伦比亚军队跨越边境，对苏昆比奥斯地区的哥伦比亚革命武装力量发起袭击）无疑是一个导火索。包括该武装力量指挥官劳尔·雷耶斯（Raúl Reyes）和几个墨西哥、厄瓜多尔公民在内的25人在袭击中被杀。

在宣布不续签协议前不久，基多发布了一份关于美国中情局渗入厄瓜多尔军队的官方报告，报告指明，哥伦比亚在厄瓜多尔领土的袭击依赖美国曼塔空军基地飞机的支持。

在关闭曼塔基地前，厄瓜多尔政府在另外两个案例中采取了独立和主权立场：根据政府不再允许美国大使馆最终决定何时选择包括指挥官在内的警察情报机构要员的决定，2009年2月7日驱逐了美国大使馆随员阿曼多·阿斯托加（Armando Astorga），十天后因其不可接受地干涉厄瓜多尔内政而驱逐美国大使馆一秘马克斯·沙利文（Max Sullivan）[②]。

---

① Ximena de la Barra, “Miradas hacia el futuro: el papel del nuevo dialogo sureño,” in R.A. Dello Buono, ed., *Diálogo Sudamericano*: Otra Integración es Posible（Santiago de Chile: Editorial Bolivariana, 2007）.

② Hernando Calvo Ospina, “Siguen las tensiones entre Colombia y Ecuador,” *Le Monde Diplomatique*.

因曼塔基地的关闭，五角大楼将军舰、武器和高科技监听设备转移至哥伦比亚基地。

古巴加入里约集团（the Rio Group）。2008年12月16日，于33位首脑在巴西巴伊亚萨尔瓦多召开拉丁美洲和加勒比国家共同体峰会期间，官方宣布古巴加入里约集团，古巴对拉美地区事务的参与因而得到加强。

美洲国家组织达成共识，解除针对古巴的禁令。2009年6月3日，在洪都拉斯召开的美洲国家组织大会外长会议同意废除1962年作出的将古巴开除该组织的决议。厄瓜多尔外长范德尔·法尔科尼（Fander Falconí）说该决定"经所有代表批准通过"，这"反映了拉美正经历的时代变迁"[①]。古巴却优雅地谢绝了重新加入该组织的建议。

巴西从法国而非美国购买军事装备。2009年9月7日，卢拉与尼古拉·萨科齐（Nicolas Sarkozy）签署协议，巴西从法国购买重要军事装备（5艘潜艇和50架军用运输直升机），价值1200万美元。而巴西此前刚刚购买了36架战斗机。

乌拉圭新闻工作者阿拉马·阿哈罗尼安（Aram Aharonian）写道，此协议似乎"完成了因美国霸权衰落和巴西作为大国的崛起引起的战略转移"，"一个自主的军工复合体出现在了美国曾经的后院"。目的是在亚马孙地区和2008年在巴西海岸发现的石油和天然气（约5000万桶）周围打造一个护盾。在反对派的支持下，巴西议会在以创纪录的48小时内通过了这一举措。阿哈罗尼安认为这不只是由政府采取的一项举措，更是国家的决定。军队在这一协议中是最为利益攸关的。军队非常担忧自身科技方面的短板，如果西方列强决定进行干涉，它们要考虑如何面对。外来列强自1990年以来不断尝试以"共享主权"（Shared Sovereignty）在亚马孙地区施加影响。据说，巴西

① Mauricio Vicent, "La OEA levanta la sanción que excluye a Cuba desde 1962," *El País*, June 4, 2009.

有能力制造原子弹[1]。

巴拉圭总统拒绝南方司令部进入本国。在拉美大陆日益排斥美国军事力量进驻本地区的大背景下，美军南方司令部向巴拉圭提出一个将有500名平民和军人驻扎在该国的项目。巴拉圭总统费尔南多·卢戈2009年9月17日决定拒绝美军进入本国，即便它们有参与人道主义活动的专业人士陪伴。这是另一个宣示主权的案例。

没有美国参与的会议越来越多。拉美和加勒比领导人开始组织没有美国参与的会议。2000年在巴西举办第一届南美国家首脑会议（South American Summit），此后分别于2002年后在厄瓜多尔、2004年在秘鲁举行。2005年，巴西主办第一届南美国家首脑共同体会议（South American Community of Nations）。2006年在玻利维亚召开的第二届南美国家首脑共同体会议奠定了南美国家联盟（Union of South American Nations, UNASUR）的基石。2007年在委内瑞拉召开的能源峰会上采用了“南美国家联盟”这一名称。次年，在巴西，批准了南美国家联盟成立条约。

第二届非洲和南美洲首脑会议。拉美国家不仅在没有美国代表参与的情况下内部越来越团结协作，也不断增强与非洲的合作。2009年9月26日至27日，第二届非洲和南美洲首脑会议在玛格丽塔岛举行。27国领导人与会。会议号召洪都拉斯恢复宪法政府、回归民主，建议起草2010年至2020年战略规划，作为搭建两个地区合作框架的一部分。

南方银行（Banco del Sur）成立。2009年9月28日，查韦斯2006年建立南方银行的倡议在南美国家联盟结出果实。

这一历史事件在第二届非洲和南美洲首脑会议期间发生。来自委内瑞

---

① Aram Aharonian, “Latin America Today,” paper presented at the International Situation and 21st Century. Socialism conference at the Centro Internacional Miranda, Caracas, September 30, 2009.

拉、巴西、厄瓜多尔、巴拉圭、玻利维亚、阿根廷和乌拉圭的7位领导人签署了南方银行成立章程，启动资金70亿美元。

初始计划是为了创建一个能够作为国际货币基金组织和其他被工业化国家控制的信贷机构替代的南美多边金融实体。南方银行的成立即负有一些特别计划，但相应想法随着几次工作会议出现变化。支持南方银行倡议的秘鲁经济学家奥斯卡·乌加特切（Oscar Ugarteche）认为，只要南方银行能从央行获取国际储备并加以合理使用，用以推动最贫困地区的发展，最重要的是用于生态和社会可持续项目，它可以成为通向一种新型南美一体化的第一步[①]。

尽管出于好的意图，成立南方银行的过程中遇到许多阻碍。例如，巴西更倾向于提高其经济和社会发展银行（Banco de Desarrollo Económico y Social）的地区影响，在南方银行问题上保持沉默。2013年初，南方银行依然无法运作。

事实证明，在2008年1月召开的第六届美洲玻利瓦尔联盟首脑会议上成立的美洲玻利瓦尔联盟银行，更为灵活。该银行的启动资金为10亿美元，以美洲玻利瓦尔联盟的互补、团结、合作和尊重主权原则为基础。成员国根据其能力贡献份额，在银行内部民主决策程序中拥有同等代表权。银行致力于增加体面工作岗位，减少过度移民，减少财富集中、不平等、贫困和社会排斥，始终推动人类可持续发展[②]。

美洲玻利瓦尔联盟银行还致力于发展内部金融市场，引导资源流向生产性项目，恢复公平贸易，发展地区一体化基础设施，提高对经济和金融的主权控制，减少面对外部金融危机时的脆弱性，将资源留在本地区，形成地区文化、社会、经济和政治转型的良性循环。这种对对冲不平衡的重视，恰恰是南方银行因一些成员国的抵制而忽视的。

① Oscar Ugarteche, "El Banco del Sur y la arquitectura financiera regional," *Alai*, December 12, 2007.

② Gustavo Hernández, "Banco del ALBA y el Financiamiento al Desarrollo," SELA, Caracas, 2008.

苏克雷（Sistema Único de Compensación Regional de Pagos）——打破美元控制的一次尝试。在美洲玻利瓦尔联盟各成员国的领导人和代表的一致支持下，2009 年 4 月创建了苏克雷。创建苏克雷的设想，起初是作为一种可以充当贸易结算机制的虚拟货币，后来成为地区硬通货。

使用苏克雷的贸易大幅增加，从 2010 年的 1000 万苏克雷，到 2011 年的约 2.16 亿苏克雷，2012 年约 8.5 亿苏克雷。2011 年和 2012 年的贸易主要发生在厄瓜多尔和委内瑞拉之间，委内瑞拉和玻利维亚之间的贸易量也很大。

为了使参与使用苏克雷贸易的机构多样化，也将小规模生产（合作企业、公社企业）纳入进来，虽然进展缓慢，但取得了一定成效。

创建拉美和加勒比国家共同体（Comunidad de Estados Latinoamericanos y Caribeños）。2011 年 12 月，拉美和加勒比国家共同体在加拉加斯成立。包括古巴领导人在内的拉美地区的所有总统与会。美洲大陆的 35 个国家，只有美国和加拿大被排除在外，拉美和加勒比国家共同体转变为美洲国家组织的直接挑战。

成立拉美和加勒比国家共同体构成了具有重要历史意义的事件，是上述所有进展的直接结果。尼加拉瓜奥尔特加总统认为，这代表了美国主张“美洲是美洲人的美洲”的门罗主义（Monroe Doctrine）的死刑。笔者认为，拉美和加勒比国家共同体的成立还表明了美洲国家组织和将新自由主义强加给拉美的华盛顿共识（Washington Consensus）终结进程的开始。希望在于，从拉美和加勒比国家共同体将会产生拉美和加勒比共识，即不从属于美国利益的我们自己的议程[①]。

由古巴这个此前被排斥的国家出任第二任轮值主席国也意义重大。通过

① Ximena de la Barra and R. A. Dello Buono, “From ALBA to CELAC: Toward “Another Integration?” *NACLA Reporton the Americas* 45/2（Summer 2012）.

这一将有主权的拉美加入全球棋局的新方式，古巴加入拉美一体化的进程得到巩固。

与中国的经贸关系显著增长。鉴于中国对原材料的需求日益增加而拉美则拥有充足的资源，两者之间的关系变得日益紧密。中国现在是秘鲁、智利和巴西的主要贸易伙伴。它开始与拉美地区的多个国家建立战略联盟。西班牙国际关系专家蒂托·德拉戈（Tito Drago）认为："在短短的几年中，中国成为拉美地区的第三大贸易伙伴和巴西、智利、秘鲁的第一大贸易伙伴。巴西、智利、秘鲁三国也引领了拉美过去几年的经济增长，而依然与美国联系紧密的墨西哥等大国，却没有增长这么多"。[①]

德拉戈还指出，拉美和加勒比经济委员会预计，伴随拉美与中国贸易的持续增长，中国将在2014年成为拉美第二大出口目的地，在2015年成为第二大进口来源地，进出口均超过欧盟。

值得指出的是，其与中国的贸易协定没有附加像美国或欧盟那样强制要求的条件。

自2009年底以来，中国与委内瑞拉的经贸关系得到加强。双方签署了农业、能源和工业等领域的协议，并就增加中国——委内瑞拉联合发展基金额度达成一致，翻番至120亿美元，这是自1949年来中国的最大对外贷款。

牛津大学圣安东尼学院经济学教授迭戈·桑切斯·安科切亚（Diego Sánchez Ancochea）认为，基金为巴西、阿根廷、委内瑞拉和其他拉美国家提供了新资源和机遇。但也带来了包括对中国贸易逆差急剧增加、"拉美特别是安第斯国家和南锥体国家参与世界经济的传统方式"得到强化、对纺织等劳动密集型产业的沉重打击、中小型企业可能被因中国的高生产率和低劳动成

① Tito Drago, "América latina con los ojos puestos en China," November 27, 2012, http://www.titodrago.com/index.php?option=com_content&view.

本而受益的竞争者挤掉等在内的严重风险和威胁[①]。

通过这一系列事件，我们可以毫不含糊地说，美国在拉美地区的影响下降了。

（二）美国的力量和重新殖民与“惩戒”计划

尽管拉美地区有益于左翼和进步政府的力量联合有了明显变化，我们不应加以夸大。美国意识形态和政治影响的丧失以及地区经济力量的削弱，因对媒体影响的增强和军事力量的持续增长而得到部分弥补。

时至今日，美国在拉美依然有23处美军基地，每年举办多方联合军事演习，以训练在拉美地区的军队。美国重建第四舰队并拓展情报网，以观察和管控拉美地区的民众运动。美国试图阻止出现有能力直面其控制和附庸政策的国家力量。

美军对其忠实的同盟和在拉美地区的滩头堡哥伦比亚的援助大幅增加。

美国为削弱任何未受其控制的政府，支持玻利维亚（圣克鲁斯、贝尼、潘多和塔里哈）、厄瓜多尔（瓜亚基尔省和瓜亚基尔城）和委内瑞拉（盛产石油的苏利亚州）的分裂运动[②]。

1. 五角大楼2008年实施了一项新战略

正如墨西哥研究者安娜·埃丝特尔·切塞尼亚所言，面对特别是过去两年拉美左翼力量不可阻挡的进步，五角大楼开始执行“一项重新殖民和惩戒整个拉美的计划”，旨在阻止和尽可能逆转由查韦斯总统发起的建设一个自由和主权拉美的进程[③]。

---

① “例如，2004年，拉美出口到中国的83%产品是初级产品或基于自然资源的工业产品，相反，从中国进口产品的89%是工业制成品。” Diego Sánchez Ancochea, “China's Impact on Latin America,” *Observatory on Chinese Society and Economy* 11 (June 2009).

② Eric Toussaint, “Venezuela, Equateur et Bolivie: la roue de l'histoire en marche,” *CADTM*, November 2, 2009.

③ Ana Esther Ceceña, “Honduras y la ocupación del Continente,” *Alai*, September 17, 2009, http://alainet.org/active/32415.

美国无法接受拉美国家不顾其在该地区部署的巨大经济、政治、军事和媒体力量，而独立设计它们自己反对美国议程的事实。

美国进攻厄瓜多尔。安娜认为，2008年3月对厄瓜多尔苏昆比奥斯省的攻击，是“美国控制其生存空间——美洲大陆战略新阶段”的开始。它代表了一项国家政策的第一阶段，尽管它根据大陆的新形势进行了调整，但并未因奥巴马上台而改变。

虽得到五角大楼支持，却被美洲国家组织谴责为对厄瓜多尔主权的侵犯的军事行动，使波哥大与基多之间的外交关系遭受重创。

在玻利维亚鼓动政变。作为对莫拉莱斯在2008年7月的罢免公投中取得压倒性胜利的反应，在东部各省力量雄厚的右翼寡头试图发动一次市民政变。利用其控制的圣克鲁斯、贝尼、潘多和塔里哈的县市辖区，在为精英所控制的地区公民委员会的支持下，他们通过暴力接管政府机构。作为计划的一部分，民兵很快走上街头，以营造一种失控局势，强迫政府辞职或军队出面，进而导致更多死亡和混乱，为外国军事干涉提供借口。

有充分证据表明，推翻政府的阴谋在美国拉巴斯大使馆的直接支持下着手准备，玻利维亚政府因而决定2008年9月9日驱逐美国大使。查韦斯也决定在同一天驱逐美国驻委内瑞拉大使。玻利维亚社会运动在圣克鲁斯组织了一场针对政变阴谋家的游行。

潘多随后发生了屠杀，几十名农民遇害。全玻利维亚强烈谴责这次屠杀事件，政府和社会运动共同决定宣布潘多处于紧急状态，派遣军队恢复秩序。由于社会运动遍布圣克鲁斯、南美洲国家联盟成员国明确声明只承认莫拉莱斯合法政府，政变阴谋最终被挫败。对右翼而言，这代表着继公投的政治失败后，又加上了新的政治军事失败。

针对洪都拉斯塞拉亚的政变。在美国进攻厄瓜多尔15个月、奥巴马就任6个月后，洪都拉斯总统曼努埃尔·塞拉亚（Mannuel Zelaya）于2009年6

月 28 日被绑架并被赶出国。塞拉亚曾是一位自由主义政治领导人，在其任职总统期间，开始变得激进，加入美洲玻利瓦尔联盟，主张召开制宪大会。国会支持了驱逐塞拉亚的军事行动。

此次政变几乎遭到一致谴责。巴西研究者特奥托尼奥·多斯·桑托斯（Theotonio dos Santos）说道，这是美国第一次谴责拉美发生的政变[①]。但是，美国的谴责意味着什么？它意味着美国对拉美政策的改变吗？不幸的是，答案是否定的。根子上什么也没有改变。

尽管奥巴马政府正式谴责了洪都拉斯政变，有明确证据表明，政变的准备过程中有五角大楼的影子。这没有什么好惊奇的，整个 20 世纪 80 年代，洪都拉斯都是美国用以反对尼加拉瓜桑地诺政府和萨尔瓦多游击队的地区执行中心。而且，索托卡诺军事基地对美国在拉美的军事和情报行动具有战略价值。

哥斯达黎加分析家阿尔瓦罗·蒙特罗（Alvaro Montero）认为，洪都拉斯军队被里根和布什用来支持洪都拉斯和尼加拉瓜北部的反对派武装。洪都拉斯军队与中情局合作运输和贩卖毒品，收益成为针对桑地诺政府肮脏战争的部分资金来源。据说，即使洪都拉斯军营的一张纸发出沙沙的声音，美国情报官员也会听见[②]。

问题在于，奥巴马总统与此次政变牵连多少。对此，存在分歧。有些人怀疑，这是否也是一次针对奥巴马的政变[③]。另一些人相信，这是一次旨在在奥巴马政府对拉美政策的大框架内强化希拉里军国主义立场的行动。委内瑞拉记者、前副总统何塞·比森特·兰赫尔（José Vicente Rangel）观察到，美国

---

① Theotonio Dos Santos, “Las lecciones de Honduras,” July 6,2009, http://theotoniodossantos.blogspot.com/2009/07/las-lecciones-de-honduras.html.

② Alvaro Montero Mejía, “Honduras: las trampas de la mediación,” *Alai*, July 10, 2009.

③ Andrés Sallari, “Honduras: ¿Un golpe de estado contra Barak Obama?,” July 9, 2009.

政府在洪都拉斯执行的政策有两个层次，一种是白宫的政策，另一种是小布什政府遗留下的机构的政策，后者来自美军科马亚瓜军事基地[①]。

显然，美国将阻断拉美在一体化道路上正取得的进展（特别是查韦斯倡议发起的美洲玻利瓦尔联盟已赢得越来越多的支持者）置于重要位置。五角大楼因而决定通过一场披着“合法”外衣的军事政变（这种方式更为适合新时代），攻击一体化进程的最薄弱环节——洪都拉斯。

安娜写道，这是再殖民化进程中“作为重新升级计划一部分的第一次操作”，随后是在哥伦比亚建立新军事基地，在哥伦比亚国土上给美军以伴随免疫（Concomitant Immunity）[②]。

篇幅所限，虽然不能深入分析洪都拉斯事件，但笔者想声明，短期看，最大赢家是五角大楼。此次对洪都拉斯民众民主进程的粗暴打断也埋下了抵抗运动的种子，洪都拉斯人民迟早会重获民主，并采取措施以建设一个更为公平的、休戚相关的社会。今天的洪都拉斯已不同于昨日。历史上，民众从未如此团结。召开制宪大会的斗争不是逐渐减少，而是比原来更激烈。洪都拉斯人民有一天会感谢这一暂时的挫折。

美军在哥伦比亚的新军事基地。作为对曼塔基地关闭的替代，美国根据哥伦比亚国防部、五角大楼和中情局于2009年3月初签署的协议，将舰艇、武装和高科技间谍设备转至哥伦比亚基地。美军这一在拉美地区的扩张力图将哥伦比亚变成美国空军在拉美地区心脏位置事实上的地面基地[③]。

将会收到最多军事设备的新基地坐落于非常接近哥伦比亚与厄瓜多尔和委内瑞拉边境的位置，绝非偶然。

---

① Quoted in Luis Britto García, “Tegucigolpes,” July 12, 2009, see http://cubasilorraine.over-blog.org/article-tegucigolpes-luis-britto-garcia-45786041.html.

② Ceceña, “Honduras y la ocupación del Continente.”

③ Ospina, “Siguen las tensiones entre Colombia y Ecuador.”

哥伦比亚允许美国士兵和非军事人员驻扎在其境内的五个军事基地的决定，导致国内的骚乱，骚乱还蔓延到哥伦比亚的邻国，特别是厄瓜多尔和委内瑞拉，在国际社会也招致广泛批评。

关于补充协议的谈判在美国秘密进行。协议由哥伦比亚外长海梅·贝穆德斯（Jaime Bermúdez）和美国驻哥伦比亚大使威廉·布朗菲尔德（William Brownfield）于2009年10月30日签署，即《国防和安全合作与技术援助补充协议》（Complementary Agreement for Defense and Security Cooperation and Technical Assistance）。美国国务院一份标注日期为2009年8月18日的内部文件表明，补充协议旨在为在涉及哥伦比亚安全的事务方面开展双边合作提供便利。

协议授权美国人员进入7个哥伦比亚军事设施——2个海军基地、2个军事设施和位于帕兰奎罗、阿皮亚、马兰博的3个空军基地，而不是建立新军事基地。

哥伦比亚——南美的害群之马——是一个“被占领”的国家。像墨西哥一样，哥伦比亚深受巴勃罗·冈萨雷斯·卡萨诺瓦（Pablo González Casanova）提出的“全面占领”（Comprehensive Occupation）之苦，包括“社会、经济、行政、文化、媒体、领土和战略方面的占领”。五角大楼战略家将这一现象称为“全方位统治”（Full Spectrum Dominance）。

针对厄瓜多尔拉斐尔·科雷亚的未遂政变。2010年9月30日，厄瓜多尔发生一场反对一天前刚通过的公共服务法的全国警察罢工。该法力图在公共服务领域实施劳动力改革，改革必然对警官不利。

警察中的一些人先是在营房抗议，然后罢工，阻断道路，并占领国会。厄瓜多尔空军的一些人也加入进来，用他们的身体阻断基多国际机场的跑道。

科雷亚指出，警察叛乱是反对派、渗入军队、警察的与爱国社团党（Sociedad Patriótica）有牵连的特定团体精心组织的“未遂政变”。当科雷亚受困基多警察医院时，世界上大多数国家都站出来谴责政变企图。

还没有证据表明美国和这次政变有关，但卢西奥·古铁雷斯与美国政府保持着紧密联系，却是众所周知。

政变导致巴拉圭卢戈下台。2012 年 6 月，巴拉圭国会就费尔南多·卢戈执政表现不佳对其进行弹劾，39 票赞同，4 票反对。卢戈被指控应对巴拉圭警察在驱逐占领属于一名斯特罗斯纳（Stróessner）独裁政权时期的科罗拉多党（Partido Colorado）党员私人土地的农民时的屠杀暴行负责。当时有 11 名农民和 6 名警察被杀，几十人受伤和被拘。卢戈下台后，副总统费德里科·佛朗哥（Federico Franco）继任。

正如预料的一样，美国赞同对卢戈的弹劾，而南美洲国家联盟和南方共同市场则对此加以谴责。

维基解密公布的一份美国大使馆的电报表明，美国国务院知道巴拉圭反对派正计划一次政变。美国驻亚松森大使馆发给美国国务院的机密外交电报指出，“持续传言，如果卢戈总统在未来几个月犯错的话，名誉扫地的将军和公民道德全国联盟（UNACE）领导人利诺·奥维多（Lino Oviedo）与前总统尼卡诺尔·杜阿尔特·弗鲁托斯（Nicanor Duarte Frutos）正合作通过（很可能）合法途径夺取国家权力。”[①] 电报指出，计划包括费德里科·佛朗哥接任总统。巴拉圭反对派正等待卢戈的任何过错以发起针对他的政治审判。

2. 奥巴马政府：换汤不换药

洪都拉斯的政变及随后的进展，美军在哥伦比亚军事基地的增加，对古巴持续不断的经济封锁，运转关塔那摩基地，以及其他前文提到过的事件，对那些像笔者一样希望奥巴马提高言行一致程度的人而言，希望越大，失望越大。美帝国主义所坚持的目标依然未变，对此，甚至不再有哪怕最小的怀

① U.S. Embassy, Asuncion, “Paraguayan pols plot parliamentary putsch,” March 28, 2009.

疑。另外，五角大楼也开始更为关注拉美地区。此前，它的注意力主要集中在对伊拉克和阿富汗的战争上。

三、拉美政府的类型

此前，笔者曾探讨过进步势力和左翼如何在过去十年在越来越多的拉美国家执政。分析家们力图通过不同标准给这些政府分类。我们可以初步区分为两大类——寻求改善新自由主义的右翼或保守主义政府和将自身定位为“左”或“中左”并寻找既有事务替代方案的政府。

（一）想改善新自由主义的政府

一些拉美国家想通过推行一系列“通过增加大资本的动力和再分配收入的持续退步使其经济进一步深化跨国化和非国有化程度成为可能”[①]的改革来改善新自由主义。这些政府推行了罗伯托·雷加拉多所谓的“新自由主义改革”[②]。

哥伦比亚、墨西哥、智利和多数中美洲国家政府属于此种情况。

（二）寻求新自由主义替代解决办法的政府

包括那些通过提供新自由主义替代纲领而当选在内的拉美左翼或“中左”政府，尽管彼此差异很大，但它们的纲领至少包括争取社会公平、政治民主化、国家主权和地区一体化四项。它们可以再分为两小类：

未与新自由主义政策决裂，侧重社会事项的政府。这些政府包括巴西、乌拉圭和阿根廷政府，它们寻求新自由主义与进步社会政策（如补贴）之间的平衡，而非结构性变革。墨西哥前外长豪尔赫·卡斯塔涅达（Jorge Castañeda）称它们为“好左翼”（Good Left）。阿拉马·阿哈罗尼安将它们的特

① Aharonian, “Latin America Today.”

② Roberto Regalado, “Es necesario construir una contrahegemonía popular,” *Rebelión*, October 19, 2009.=article&id=1489%3Aamerica-latina-con-los-ojos-puestos-en-china&Itemid=13.

征概括为“实行未与新自由主义经济政策决裂的后新自由主义即发展主义政策，重点聚焦于社会领域和提高国内资本主义生产率。”雷加拉多认为这些政府推行了“试图缓和当今资本主义经济、政治和社会矛盾，而非打破资本主义制度”的改革[①]。

借助民众动员支持与新自由主义政策决裂的政府。一些分析家将这些政府归入反帝国主义一类，因为它们采取了反对美国的社会和经济保护主义举措。这些政府有玻利维亚、厄瓜多尔、尼加拉瓜和委内瑞拉政府。卡斯塔涅达称它们为“坏左翼”(Bad Left)。阿哈罗尼安将它们描述为“基于社会和民众动员，表达变革愿望，倾向于与新自由主义政策决裂，对经济、地区一体化和民族融合有新理解”[②]。雷加拉多认为这些政府推行“战略方向和意图为反资本主义的改革”，因而是有可能导致革命的改革[③]。

因激进观点而闻名的美国知识分子詹姆斯·彼得拉斯(James Petras)认为这些政府代表了一种实用主义左翼，与“激进左翼”(如哥伦比亚革命武装力量)不同[④]。

四、面临更多客观局限性的“左翼”政府

从此处开始，本书提及的“左翼”政府主要指通过高举反新自由主义旗帜赢得选举而上台的政府，并请读者根据下文列举的标准自行对它们进行归类。

---

① Ibid.

② Aharonian, “Latin America Today.”

③ Regalado, “Es necesario construir una contrahegemonía popular.”

④ James Petras, “Latin America—Four Competing Blocs of Power,April 17,2007, http://petras.lahaine.org/?p=1700.

首先，要说明一下笔者理解的左翼是怎样的。20 世纪 60 年代，有一种倾向，即不是根据其追求的目标而是根据其为达成目标而使用的手段来界定左翼。明确的目标是社会主义，手段是武装斗争或制度斗争。根据使用的方法，左翼被分为革命者和改良主义者。

20 世纪 90 年代，“新左翼”一词有时被用来描述那些放弃武装斗争转而加入制度斗争的左翼。其他时候，该词被用于“社会左翼”（Social Left），这一由原住民、妇女、环保主义者和人权捍卫者等不同主体构成的庞大群体[①]。

笔者主张使用一种源于目标导向的更为严格的界定。此定义要求区分目标是改善资本主义以使其更人道，还是建设一个能取代资本主义的社会。

因此，笔者用“左翼”来描述那些为替代资本主义剥削和压迫制度及其利益逻辑而斗争的力量。也即，一个工人围绕人道主义和休戚相关逻辑组织起来，以满足人的需求为目标的社会；一个免受资本主义所造成的物质和精神贫困之苦的社会；一个不是自上而下发布行政命令而是以人民为主角自下而上建设的社会。换句话说，一个社会主义社会。

这些力量因而不只是由争取平等的斗争（表现为针对贫困的战争）所驱动——尽管这可能是其最显著的特征之一，也受摒弃基于剥削和利益逻辑的异常社会模式——资本主义模式所驱动。

乌拉圭研究者比阿特丽丝·斯托洛韦茨（Beatriz Stolowicz）强调，“不能只是因为一个人声称他是左翼就认为他是，而应该根据一个人为实现这些必要的转型和建设所做的努力来判断。这是一个人如何成为左翼的方式。”[②] 笔者对此深表赞同。

---

① Beatriz Stolowicz, “El debate actual: Posliberalismo o anticapitalismo,” in German Rodas, ed. *América Latina. hoy ¿reforma o revolución?*（Mexico:Ocean Sur, 2009）, P.99.

② Beatriz Stolowicz, *Gobiernos de izquierda en América Latina: Un balance politico*（Bogota: Ediciones Aurora, 2007）, P.15.

为何运用实践标准判断谁是左翼那么必要？因为，正如笔者1999年在《21世纪伊始的左翼：使不可能成为可能》所写的，右翼毫不客气地使用了左翼的话语，在制定其纲领时尤为明显[①]。“改革”“结构变革”“对贫困的关切”“转型”等词语时下已成为反人民压迫话语的组成部分。弗兰斯·欣克尔默（Franz Hinkelammert）认为，“20世纪50、60年代民众运动的关键词被转化为那些无情破坏民众运动者的关键词”[②]“黑暗中难分丑妍。每个人都反对特权，所有人都呼唤改革和结构变革。每个人都赞同给穷人以优先选择权。”[③]

在当今新自由主义处于危机的大背景下，对左翼话语的运用已达到即使资本家也借用左翼对新自由主义批评的程度。市场的地位开始受到挑战，出现关于监管政府必要性的讨论。

我们不得不承认，正如比斯托洛韦茨所说，“在话语领域，资本家的战略不是教条的，他们改变自己的观点，当其曾经的主张的消极影响无法再隐藏并导致政治问题的时候，他们对之开展批评。”为赢得民众，“他们表示支持对全球化的不满，并加入反全球化的阵营。”对他们而言，新自由主义不过是投机买卖，金融资本应该对不负责任的“坏执行”负责，以保护资本的信誉。有人建议，应通过更多的生产投资克服新自由主义。资本主义因而通过新发展主义（Neo-Developmentalism）的形式存在，既反自由放任主义，也反民粹主义[④]。

扼要梳理左翼政府当选时的既有情况，即新政府不得不面对和处理的现

---

① Marta Harnecker, *La Izquierda en el umbral del Siglo XXI: Haciendo posible el imposible*（Madrid: Siglo XXI, 2000）.

② Franz Hinkelammert, *Cultura de la esperanza y sociedad sin exclusión*（Costa Rica: DEI 1995）, P.145.

③ Hinkelammert, *Cultura de la esperanza y sociedad sin exclusión*, P.147.

④ Stolowicz, “El debate actual: Posliberalismo o anticapitalismo,” PP.87-88.

实，非常重要，有利于我们尽可能客观地评价其表现。上文笔者曾提及五角大楼维持对拉美的军事控制和逆转拉美一体化进程的努力。有助于更好地理解这些左翼政府面对的大环境的因素有三个：

第一，关键决策在政府和国会之外作出。显然，相较于原来，新政府首脑在最近几十年可操作的空间更少，因为当今的重要决策不是由国会或行政机构作出。

尽管近几十年来，合格的选民大量增加，选举舞弊越来越难。这使左翼候选人当选成为可能。但矛盾的是，这并未让民主制度得到扩展。主要因为，多数重要决策不是由国会也不是由当选总统，而是由他们无法掌控的大型国际金融机构（国际货币基金组织、世界银行等）、自主的央行、大型跨国企业、国家安全部门等主体作出[①]。

第二，反对派控制的媒体。主要集中在大经济团体手中的媒体，也扮演重要角色[②]。

诺姆·乔姆斯基（Noam Chomsky）认为媒体是"制造共识"的工具，使"放牧困惑的羊群"成为可能。他还认为，宣传对资产阶级民主的必要性，就像压迫对于极权国家的重要性一样[③]。只要资产阶级政党继续控制绝大多数大众媒体，他们能接受一次选举失败。正是媒体在资产阶级政党失败的那一刻甚至更早，扮演着让那些"错误"选出一个左翼政府首脑的选民回心转意的角色。

---

① 兴起于南锥体并扩展至整个次大陆的民主政体，被一些人称为"有限民主或监护民主"。Hinkelammert, *Cultura de la esperanza y sociedad sin exclusión*, P.147.

② For a fuller discussion of this topic, see Harnecker, *La Izquierda en el umbral del Siglo XXI*, PP.183–190.

③ Noam Chomsky, "El control de los medios de comunicación," in Noam Chomsky and Ignacio Ramonet Miguez, *Como nos venden la moto. Información, poder y concentración de medio*（Barcelona: Ed. Icaria, 1996）, P.16. See also Edward S. Herman and Noam Chomsky, *Manufacturing Consent: The Political Economy of the Mass Media*（New York: Pantheon Books, 1988）.

这正是在一些左翼执政的国家存在对左翼政府采取的惩罚媒体报道虚假信息、煽动暴力或打造保护人民接收准确信息权利的法律工具等措施的本能反应的原因。强大的国际媒体附和这些反应。它们知道，赢得当下的政治斗争不是靠原子弹，而是靠“媒体炸弹”。

让人们认为委内瑞拉开展了威胁地区安全的军备竞赛是“媒体炸弹”的一个例证。媒体通过暗指委内瑞拉从俄罗斯购买武器支持自己的观点。但是，如果查阅中情局数据，情况正好完全相反。根据中情局数据，比利时经济学家埃里克·图桑（Eric Toussaint）2009年10月说，“委内瑞拉军费支出居拉美地区第六位，次于巴西、阿根廷、智利（一个人口比委内瑞拉小很多并被视为‘模范国家’的国家）、哥伦比亚和墨西哥。从军费占国内生产总值的比例看，委内瑞拉的军事预算为拉美第九。”民众能从最重要的国际报纸读到这些信息吗？没有一丝可能。相反，媒体2009年8月报道瑞典要求委内瑞拉回应哥伦比亚关于委内瑞拉为哥伦比亚革命武装力量提供武器的指控。瑞典告诉哥伦比亚，在哥伦比亚革命武装力量一个营地发现的萨博导弹系瑞典供给委内瑞拉的。对此，查韦斯声明，相关导弹于1995年从委内瑞拉的一个港口被盗，这是他就任总统四年前发生的事。有任何人能发现一篇关于查韦斯这一简洁而具体的回应的报道吗？[①] 谁有机会看到查韦斯的回应？

第三，继承而来的包袱。这些政府也继承了许多文化包袱：基于适者生存观的个人主义文化，倾向于等着政府解决自己的问题而不是组织起来奋力去自己解决问题的家长主义文化，基于拥有的越多越好信念的消费主义文化（当周围有人因匮乏而无法拥有有尊严的生活时，不会因拥有不必要的东西而不舒服）。

总之，只要左翼候选人在既定制度框架内，似乎其当选能为保守主义力

① Toussaint, “Venezuela, Equateur et Bolivie: La roue de l’histoire en marche.”

量所容忍，因为最终他们改变既有情况的真正可能性非常小。

（一）意识到力量联合

评判拉美地区的“左翼”政府时，我们必须小心。我们将根据它们做了什么或不能做什么进行评判。我们必须非常清楚它们不能做什么，不是因为它们缺乏意愿，而是囿于客观限制。我们应从对继承而来的经济结构、置身其中的文化包袱和它们所面对的国际国内力量联合等进行分析开始。这些是那些要求政府采取更为极端举措得更为激进的左翼经常疏于考虑的因素。它们将委内瑞拉作为应采取更为极端举措的政府的典型的原因在于，委内瑞拉因自然资源（特别是石油）丰富而具有巨大经济潜力，或许此前没有革命进程能拥有这样的禀赋。

瓦尔特·波马尔认为，既有情况可能会迫使一个革命政府采取资本主义的举措，但这些举措呈现出不同的战略意义取决于采用它的是一个资本主义还是社会主义政府[①]。这些资本主义举措也必须为以后向社会主义生产关系前进创造条件。

因而，通过先观察每个国家的既有情况和分析力量的联合，才能更好地理解这些政府什么能做，什么不能做。

卢拉 2002 年赢得总统选举时获得的选票比查韦斯 1998 年的得票多，出现这种情况是因为广泛阵线政策（在巴西，这是赢得选举的必要项，更是治理国家的必要项）。劳工党不是“巴西社会的支配力量”，在两院的议席占少数，尽管其控制了并依然控制相当数量的省会城市和重要州的州长职位，但在州、市和全国层面也是少数派。巴西依赖国际金融资本的程度比持有巨额石油美元的委内瑞拉要严重。另外，卢拉在军队的支持率也不如查韦斯。查

① Valter Pomar, “Las diferentes estrategias de la izquierda latinoamericana,” in Rodas, *América Latina hoy ¿reforma o revolución?*, P.246.

韦斯将革命进程定性为武装和平。波马尔在最近一次采访中说，我们面对的是“一个深受新自由主义影响、为大资本和中右势力所主导的国家，这不意味着我们不能或不应批评卢拉政府，特别是涉及它寻求战胜新自由主义遗产和中右与大资本主导的方法。”①

考虑到巴西的客观条件，笔者同意波马尔的观点，他认为不存在允许巴西政府像委内瑞拉政府那样操作的力量联合、制度机制或经济形势②。波马尔也承认，卢拉政府应该能够做得更多。

（二）关键是方向，不是速度

如果我们牢记上文提到的因素，而不是像许多分析家那样根据类型学去划分拉美政府，我们就应该尝试评估它们的表现，始终牢记它们参与其中的力量联合。我们应该不只是关注它们前进的速度，而应当更多关注它们前进的方向，因为，速度将在很大程度上依赖于这些政府如何处理发展道路上的障碍③。

---

① Pomar, “10 anos de PT no governo e o desafio de uma esquerda socialista de massas.”

② Valter Pomar, “La línea del Ecuador,” *Rebelión*, October 12, 2008.

③ Michael A. Lebowitz, “Venezuela: A Good Example of the Bad Left,” *Monthly Review* 59/3（July-August 2007）.

第二部分　我们将向何处去？21世纪社会主义

一、为何讨论社会主义

你或许会问，既然“社会主义”这个词有那么消极的含义，为何还要提它？伴随东欧剧变，全世界左翼知识分子陷入困惑状态。相较于希望社会主义应该如何，我们似乎更清楚不希望社会主义如何。我们反对任何形式的民主匮乏、极权主义、国家资本主义方法以及官僚主义中央计划。我们反对寻求不尊重差异的标准化的集体主义、一味强调生产力扩张而不考虑保护自然的必要性的生产主义。我们也不希望教条主义、不包容合法反对派、力图将无神论强加于群众以及认为需要某个党领导过渡进程。

上述情况在当今的拉美有所变化。我们模糊地知道想要什么。为何今日的拉美更为清楚我们想要建设何种类型的未来社会？笔者认为，主要因为：第一，我们称之为“民众参与的地方政府”（Local Governments of Popular Participation）的实践经验。大量民主政府拓展了人民授权的空间，其公开透明为反腐败斗争作出了贡献。第二，原住民社群主义实践的复苏，有很多值得我们学习之处。第三，我们可以从主张向一种反资本家的社会前进的拉美政府学习，虽然每个政府对这种社会的命名不同。

这些辐射全拉美大陆的“灯塔”因新自由主义的彻底失败、由社会运动推动的抵抗和斗争不断增加以及近期的资本主义全球危机而得到加强。我们前所未有地呼唤一种替代资本主义的方案。我们应该如何称呼这种方案？

查韦斯总统是第一位敢于给这种作为替代方案的社会主义社会命名的人。他称之为“21 世纪社会主义”，将“爱，团结，男女平等和所有人平等”这些价值观与社会主义连接在一起，通过“21 世纪”的定语来将这一新型社会主义与 20 世纪在苏东国家实行的社会主义模式的偏差和错误区分开来[①]。

我们不应忘记，世界上第一种不同于苏联模式的社会主义试验，伴随萨尔瓦多·阿连德和左翼人民团结联盟（Unidad Popular）1970 年赢得总统大选而在智利上演。阿连德与人民团结联盟主张通过制度道路和平过渡到社会主义，但三年后被一场军事政变击败。如果我们这一代能从阿连德的失败学到什么的话，那就是要和平地实现我们的目标，重新思考届时世界上曾经执行过的社会主义方案，有必要形成一种适应智利实际的新方案，并找到一条执行这一方案的和平道路。这似乎是阿连德以“有红酒和肉馅卷饼[②]的社会主义”来比喻它的目的所在，暗指在民族国家传统中建设一个民主社会主义社会的想法。

（一）查韦斯创造了“21 世纪社会主义”的表述

2004 年 12 月 5 日，在加拉加斯举办的知识分子和艺术家保卫人类世界大会（World Meeting of Intellectuals and Artists in Defense of Humanity）闭幕式上，查韦斯第一次公开宣称“有必要回顾社会主义的历史，解救社会主义的概念”，这让听众受到震撼[③]。

听众为何受到震撼？查韦斯执政伊始，他认为可以通过第三条道路，在不触动资本主义的同时推动社会转型。但他很快意识到，此路不通。委内瑞拉的寡头统治集团不愿意做任何让步。他们感觉到 2001 年底颁布的一揽子法律可能会稍稍影响到自身的利益，便决定组织一场政变推翻查韦斯。政变的计划甫一失败，他们就试图通过蓄意破坏石油工业来让整个国家的经济瘫痪。这一经历以及另外两个因素，使查韦斯坚定了寻找新道路的决心。另外

① Hugo Chávez Frías, *Discurso de la unidad*（Caracas: Ediciones socialismo del siglo XXI, 2007）, P.41.

② 肉馅卷饼是典型的智利食物。

③ Diana Raby, *Democracy and Revolution. Latin America and Socialism Today*（London: Pluto Press, 2006）, P.33.

两个因素——开始意识到困扰委内瑞拉人民的问题无法借助继承而来的资产阶级国家机器快速解决，意识到在资本主义框架模式内无法解决贫困和不平等的悲剧——让查韦斯确信自己应该迈向一个不同类型的社会，也就是后来他所说的“21 世纪社会主义”①。

数周后，当查韦斯在 2005 年 1 月 30 日在巴西阿雷格里港召开的世界社会论坛（World Social Forum）上发言时，他重申推翻资本主义并建设社会主义的必要性，但也发出警告，“我们应该改造社会主义。它不应是苏联式的社会主义。”它也不是“诉诸国家资本主义”，因为如果这样做了，将“像苏联那样曲解社会主义”。

在同年 2 月 25 日召开的第四届社会债务峰会（Social Debt Summit）上，查韦斯指出，除了社会主义外，替代资本主义别无他途，但应该是不同于既有社会主义的社会主义，应该发明“21 世纪社会主义”。这是第一次公开使用“21 世纪社会主义”的表述。

我们可以说查韦斯是创造“21 世纪社会主义”表述的人，这是毫无疑义的。此处的“创造”指他使这一名称广为人知，虽然个别作者此前曾使用过这一概念。例如，智利社会学家托马斯·穆利安的著作《21 世纪社会主义：第五条道路》于 2000 年出版②。

意识到“21 世纪社会主义”这一术语背负的包袱，作为玻利瓦尔革命领导人的查韦斯决定借助大量公共干预向他的人民解释新社会将给他们带来的所有好处，并与资本主义造成的局面进行对比。他的不懈努力是成功的，据调查，超过一半的委内瑞拉人民更倾向于社会主义而非资本主义。

---

① 莱博维茨等人更倾向于称之为“socialism for the 21st century”。

② Tomás Moulián, *Socialismo del Siglo XXI: La Quinta Vía*（Santiago de Chile:LOM Ediciones, 2000）. On the debate over who first used the term, see Javier Biardeau, “El nuevo socialismo del siglo XXI. Una breve guía de referencia,” April 5, 2009.

（二）一种既非模仿也非复制、扎根于我们的历史的社会主义

不是复制外国模式或出口我们自己的模式，而是必须建设一种能根据每个国家情况进行调整的社会主义模式。当然，所有这些模式都应具有社会主义特征的共同之处。

查韦斯指出这些模式的三个基本特征是：经济转型，政治领域的参与式主人翁民主（Participative and Protagonistic Democracy），"以爱、团结、男女平等和所有人平等为基础的"①社会主义伦理。

这些社会主义观念和价值历史非常悠久。查韦斯总统认为它们可以在《圣经》《福音书》和原住民的实践中发现身影②。

正如当初的何塞·卡洛斯·马里亚特吉一样，查韦斯相信，21世纪社会主义不能成为其他模式的副本，而应该是一种"不畏艰难的创造"。那正是他为何谈及"玻利瓦尔式、基督教式、鲁滨孙式、印美社会主义……一种新型集体生活方式、平等、自由和真正的完全民主。"③

其他领导人提及社群社会主义（Communitarian Socialism），一种基于美好生活（Buen Vivir）逻辑的社会，一种完整生活的社会。笔者赞同玻利维亚副总统阿尔瓦罗·加西亚·利内拉（Alvaro García Linera）的观点，名称不重要，关键是内容。

我们的方案的主要原则性根基之一在于原住民的社会主义。对此，查韦斯与马里亚特吉意见一致。他因而建议那些富有社会主义精神的原住民实践应该得到挽救和赋权。

此外，当玻利维亚人民提及"社群社会主义"时，他们是在建议挽救加

① Chávez Frías, *Discurso de la unidad*, P.37.

② Ibid., P.37-39, P.44.

③ Ibid., P.47.

西亚所说的“公社文明，其技术程序基于民众的权力、管理家庭和公社土地、经济与政治活动结合的方式，一种有自己权威和给予规范行动而非选举更多优先性的政治制度的文明，个人在这种文明中是集体与过去历史的产物。”①

所有这些应该引导我们与任何相信原住民需要我们帮助的西方家长制文化决裂。查韦斯强调，我们反而应该“向他们寻求帮助……以便他们与我们在建设 21 世纪社会主义方面通力合作。”②

二、复兴社会主义原初思想

力图与 20 世纪社会主义实践保持距离的 21 世纪社会主义，恢复了马克思、恩格斯的部分原初观点。这些观点不仅为苏联的行动所扭曲，为苏联的马克思主义文献所传播，也被那些持反对社会主义的观点的人所贬低和忽视。

让我们勾勒这些原则性观点中的一部分。

人的全面发展。马克思、恩格斯认为，未来社会将促进人的全面发展，

① 加西亚明确了玻利维亚的四种文明制度，“一种是现代商贸工业化制度；一种是围绕单纯的国内商贸活动组织的经济和文化，手工或农民活动，提供了 68% 的城镇就业；一种是公社文明；一种是基于流动性生产活动、科技依托个体知识和勤奋、没有政府的亚马逊文明。”玻利维亚三分之二的居民处于后三种“文明或社会纽带”中。绝大多数玻利维亚人民“沉浸在非工业化的经济、认知和文化结构之中，这些结构是其他文化和语言认同、政治习惯和源自其自身科技和物质生活的技术的载体，将集体置于个人之上、协商实践置于选举之上，规范强制作为一种行为方式，奖励高于接受与服从，权力的非个性化，协商一致的可撤销，位置的轮转等，是不同于自由和政党代议制政治文化的行为方式。” Álvaro García Linera, “Estado plurinacional,” in Álvaro García Linera, Luis Tapia Mealla, and Raúl Prada Alcoresa, *La transformación pluralista del estado*（La Paz: Muela del Diablo, 2007）, P.46.

② Chávez Frías, *Discurso de la unidad*, P.44.

这只能在“合作社会”（Cooperative Society）[①] 中才能实现。将会有全面发展的人替代资本主义产生的四分五裂的人。此发展将通过革命（人在改变环境的过程中改变自己）实现，这是为何马克思也断定工人必须通过革命斗争摆脱时代的束缚，开启自我改造的进程。

恩格斯在《共产主义者信条草案》（《共产党宣言》的早期“版本”）中写道，目的是“把社会组织成这样：使社会的每一个成员都能完全自由地发展和发挥他的全部才能和力量，并且不会因此而危及这个社会的基本条件。”在《共产党宣言》的最终版本里，此新社会被描述为“各个人自由发展为一切人自由发展的条件的联合体”。

加拿大马克思主义者迈克尔·莱博维茨在他的一些以 21 世纪社会主义为主题的著作 [②] 中充分阐述了这一观点。在强调将人的全面发展作为目标以及人的发展与革命实践之间的关系的问题上，莱博维茨始终如一。

作为社会存在的人。马克思另一个经常被忽视的观点与人的本质的社会性有关。马克思在《1844 年经济学哲学手稿》中首次探讨了这一问题。他认为，共产主义社会将使得作为社会存在的个体全面实现其社会性 [③]。当马克思提出人是社会存在的主张时，他不是要否定个体，而是指个体的人类本质极

---

① 在《哥达纲领批判》中，马克思提及“人的全方位发展”。（Moscow: Progress Publishers, 1971），P.18.

② See Michael A. Lebowitz, Build It Now: *Socialism for the Twenty-first Century*（New York: Monthly Review Press, 2006）; *Michael A. Lebowitz,The Path to Human Development: Capitalism or Socialism?*（Toronto: The Socialist Project, 2009）; and Michael A. Lebowitz, *The Socialist Alternative: Real Human Development*（New York: Monthly Review Press, 2010）.

③ 首先应当避免重新把“社会”当作抽象的东西同个体对立起来。个体是社会存在物。因此，它的生命表现，即使不采取共同的、同他人一起完成的生命表现这种直接形式，也是社会生活的表现和确证。人的个体生活和类生活不是各不相同的，尽管个体生活的存在方式是——必然是——类生活的较为特殊的或者较为普遍的方式，而类生活是较为特殊的或者较为普遍的个体生活。Karl Marx, “Economic and Philosophic Manuscripts of 1844”, in Karl Marx and Frederick Engels, *Collected Works*, vol. 3,（New York: International Publishers, 1975）, P.299.

具社会性。个体与社会存在的辩证关系使得难以在个体属性和社会属性间作出区分，这是一个补充性观点。

正如法国哲学家亨利·勒菲弗（Henri Lefebvre）指出的，没有既不富也不穷、既不年轻也不老、既不是男性也不是女性或同时具有那些属性的超脱于一切之上的抽象的公民。南斯拉夫的米奥德拉格·泽切维奇（Miodrag Zecevic）说，“存在的是生活于人群中并依赖其他人的、在社区和组织中以不同方式与其他人联系和组织起来并通过社区和组织使其利益、权利和责任成真的具体的人。”①

这意味着必须反对以团体的名义压制每个社会成员差异的“集体主义”。这种集体主义是对马克思主义的公然歪曲。不要忘记，马克思批评资产阶级法律试图使人民人为地平等而不承认其差异。通过假装对所有人一视同仁，资产阶级法律最终成为不平等权利。马克思认为，任何真正的公平分配应该考虑人的差异化需求。因而有了他的名言，“各尽所能，按需分配”②。

马克思关于资本主义的替代社会（马克思称之为“共产主义”）应该是什么样的“稀有”观点，是从哪里来的？笔者之所以称为“稀有”，因为马克思的著作中对“社会主义”提的不多。马克思投身于科学地研究资本主义生产方式，即使如此，他也不能在自己打算研究的不同领域全面地形成自己的思想。此外，即使他有时间全身心地研究资本主义的替代社会应该如何，他也不能在这个方向取得很大进展，因为科学知识不能脱离现实。

马克思关于未来社会本质的观点不是从天上掉下来的，也不是思辨思维的结果，而是源于对资本主义自身内部矛盾的分析。马克思认为资本主义为新社会创造了物质条件——一个是工人阶级存在的必要性，另一个是满足人

① Miodrag Zecevic, *The Delegate System*（Belgrade: Jugoslovenska stvarnost,1977）.

② Marx, *Critique of the Gotha Program*, PP.17-18.

民最为迫切需求的生产能力的增长。

马克思不仅指明了有利于一个替代性社会出现的条件，也研究了资本主义对于工人和环境的矛盾、消极影响，以明确在建设社会主义的前进道路上必须否定（转化成其对立面）什么[①]。

得益于这些反转，马克思得以展望将替代资本主义的新社会。

社会财产。必须终结资本主义的生产资料私人所有，因为它与生产日益增长的社会性相矛盾。生产的社会化揭示了产权变成集体所有或共有以克服资本主义生产的经济无序状态。与此类似，经济不应自私自利，而应为整个社会的利益服务。

消除体力劳动与脑力劳动的差别。必须终结因资本主义剥夺工人的知识和技术而导致的体力劳动与脑力劳动之间日益增长的差别，将劳动转换成一种同时是体力和脑力的复合型活动。为发挥工人的最高生产潜力，有必要终结使劳动者分化并成为机器上的一个齿轮的异化和强制性劳动。此类转换将确立工人作为生产过程主角的中心地位。

以理性方式治理自然。马克思还指出，必须终结资本主义的生产关系和城乡之间的对立，因为它们导致人与自然之间相互依存的物质变换进程“不可避免地分裂”[②]。马克思认为只有共产主义社会能“联合起来的生产者，将合理地调节他们和自然之间的物质变换，把它置于他们的共同控制之下……”[③]

有些人基于对马克思和恩格斯著作的粗浅阅读，通常是脱离上下文进行

---

① 笔者借鉴了莱博维茨的观点。他写道：“带着识别资本主义社会导致人的异化的目标阅读《资本论》，能了解马克思关于社会主义生产的独特之处和特征的思想。”*The Socialist Alternative, Real Human Development*, P.56-57.

② Karl Marx, *Capital*, vol. 1（New York: Vintage Books, 1976）, P.283; and Karl Marx, *Capital*, vol. 3（New York: Vintage Books, 1976）, P.949.

③ Marx, *Capital*, vol. 3, P.959.

曲解，并凭此积极赞赏资本主义发展生产力的能力，甚至期望这些力量在社会主义社会实现更大发展。考虑到这种情况大有抬头之势，笔者想在这个主题上多说几句。之所以说“脱离上下文”，是因为当马克思、恩格斯论及在社会主义社会追求工业的大幅度发展的必然性时，他们不是主张无限制的发展，而是一种足以生产“足够多的商品，确保以所有成员的需求都能得到满足的方式分配”[①]的发展。（译者注：经查，中文版《共产主义信条草案》中并无相关内容，见《马克思恩格斯全集》第 42 卷。）

我们不应忘记，马克思生活在一个土地肥力因资本主义“盲目追求利益”而遭遇危机的时代。肥力危机导致不顾一切寻找海鸟粪、硝酸盐等自然肥料，这巩固了与土壤科学领域的显著进步密切相关的第二次农业革命。马克思起初以为这些创新将有助于解决肥力危机，但他很快得出第二次农业革命只会使问题更严重的结论[②]。

正是在这种背景下，《资本论》的作者在 150 多年前就如马克思主义生态学家约翰·贝拉米·福斯特（John Bellamy Foster）说的那样形成了“对环境退化的批判，早于当今的多数生态思想”[③]。

马克思在他的皇皇巨著《资本论》中写道，“资本主义农业的任何进步，都不仅是掠夺劳动者的技巧的进步，而且是掠夺土地的技巧的进步，在一定时期内提高土地肥力的任何进步，同时也是破坏土地肥力持久源泉的进步。一个国家，例如北美合众国，越是以大工业作为自己发展的基础，这个破坏过程就越迅速。因此，资本主义生产发展了社会生产过程的技术和结合，只

① Frederick Engels, “Principles of Communism,” in Marx and Engels, *Collected Works*, vol. 6（New York: International Publishers, 1976）, P.353.

② Regarding the influence of Liebig on Marx, see John Bellamy Foster, *Marx's Ecology: Materialism and Nature*（New York: Monthly Review Press, 2000）,PP.149-156.

③ Ibid., P.142.

是由于它同时破坏了一切财富的源泉——土地和工人。”[①]

综上，我们可以得出结论，只有资本主义的替代社会能重建人与自然之间的自然新陈代谢。这一替代社会是一个社会主义社会，由人民通过其代表而非有特权的精英决定生产什么、如何生产，以满足人的真实需求，不是去满足那些由资本主义出于不断疯狂追逐更多利润而人为制造的需求。

社会而非国家，必须支配经济发展。对马克思、恩格斯而言，社会主义不必然意味着简单地将战略生产资料移交国家，这代表的只是一种司法变化。工人继续附属于外部力量，或许会出现新社会主义管理者，工人在生产过程中的异化地位依然未变。尽管形式上是集体财产，国家代表社会，实际上收益分配依然不是集体的。

恩格斯认为，“生产力的国家所有不是冲突的解决，但是它包含着解决冲突的形式的手段，解决冲突的线索。”解决办法是什么？恩格斯强调，“这种解决只能是在事实上承认现代生产力的社会本性，因而也就是使生产、占有和交换的方式同生产资料的社会性相适应。而要实现这一点，只有由社会公开地和直接地占有已经发展到除了社会管理不适于任何其他管理的生产力。”[②]

社会占有生产资料意味着什么呢？社会是一个高度抽象的概念，它可以意味着所有人。下文将解答这一问题。

三、当前关于 21 世纪社会主义的一些沉思

显然，我们不应简单地局限于考虑马克思、恩格斯的观点。150 多年过去了，世界业已发生改变，新电子信息革命带来新挑战与机遇，环境破坏的

① Marx, *Capital*, vol. 1, PP.637-638.

② Frederick Engels, *Socialism: Utopian and Scientific*（Sydney: Resistance Books, 1999）, P.90.

速度惊人。我们面对需要新答案的新问题。我们需要用新思考与建议去丰富这些思想。相较于几年前，我们现在完成这一任务的条件更好了。

下面，笔者将提出 21 世纪社会主义必须具备的一些关键特征。

（一）参与式民主

1. 政治民主和社会民主

正如上文提到的，社会主义因苏联的行为而变得与缺乏民主和自由联系在一起。左翼通过指出革命者只对真正的社会民主而非资产阶级假民主感兴趣来回应此类批评。在人民不断死于饥饿、无家可归、没机会学习、因缺乏医疗而早逝的情况下，讨论民主是没有意义的。

当下，独裁经历已经更改了人民的观念，迫使许多人开始认识到政治民主的好处。一些人相信，有必要用社会内容填充资产阶级政治民主。

委内瑞拉知识分子、领导人阿尔弗雷多·马内罗（Alfredo Maneiro）对此观点提出批评，他认为不是一个给政治范畴增加社会内容的问题，恰恰有必要通过创造空间以使人民得以发挥能动性的方式转变民主形式[①]。

马内罗认为，一个社区通过组织和斗争成功获得一个桥梁，与国家将桥梁作为一个礼物送给社区，是不一样的。国家的家长式管理（State Paternalism）与民众能动性是不兼容的。

笔者相信，家长式管理倾向于将人变成乞丐。我们必须从公民乞求国家解决他们的问题的文化，转向公民作决策并通过斗争实现目标、公民执行、监督和自己管理事务、公民自我治理的文化。我们应该像阿里斯托布洛·伊斯图里斯（Aristóbulo Istúriz）说的那样，从一个为人民的政府到人民自治，也即实现人民掌权的局面。

---

① Alfredo Maneiro, *Ideas políticas para el debate actual, Selección de Marta Harnecker*（Caracas: Ministerio del. Poder Popular para la Cultura, 2007）, PP.35-36.

参与式民主不是一种资产阶级代议制民主那样的只为精英的民主，是为绝大多数人民的民主。在参与式民主中，普通公民可以参与各种各样的事务，不只是表达需求和监督，还有进行更为基本的进行决策及确保决策得到贯彻执行的权利。

乌拉圭领导人巴勃罗·安扎隆（Pablo Anzalone）指出，是关于建设将绝大多数民众在制度与实践方面均纳入政治领域的民主进程①。这要求重塑政治观念，从地方到全国层面恢复、加强参与机制。

2. 通过民众参与实现人的发展

全方位的参与、能动性能使人成长并增强自信，促进人的发展。

笔者几乎可以确定，《玻利瓦尔宪法》在同类中是唯一一个摹画了能动性与人的全面发展（无论是个体的人还是集体的人）之间的直接关系的宪法。

在这部宪法中，有多个条款涉及这一主题，指明了如何实现这一发展的第62条可能最为明确。第62条规定，“人民对制定、执行和监督公共政策的参与，是实现确保全面发展的能动性的必由之路，个体和集体均如此”。“为这一参与创造最适宜的条件，是国家的责任和社会的义务”。第70条指出了让人民提高“他们的能力和才干”的其他方式。例如，“自我管理，各种合作社……以及为相互合作和休戚与共等价值观所引导的其他联合形式”。

就地方、区域层面的参与而言，重点往往置于参与式讨论、参与式预算和听证。起初，地方公共计划委员会设在市一级，由来自既有机构（市长、议员、教区②委员会）的代表和社区代表组成，共同执行公共计划。有必要指出，在这些委员会中，社区代表的比例高于机构代表的比例（51%比49%），反映出明显地鼓励社区能动性的政治意愿。

① 安扎隆就本书初稿反馈给阿内克尔的评论。

② 在委内瑞拉，市被分为几个教区。

莱博维茨认为，“只有一种革命民主能创造条件以确保我们每日发现自己”像全面发展起来的人。他还指出，“概念……实践中的民主，作为实践的民主，能动性民主：在工作场所的能动性民主，在街坊、社区、村镇的能动性民主——是正将自己变成革命主体的人民的民主”[①]。

3. 能动性与自下而上组织力量

民众能动性的必要性是已故委内瑞拉总统查韦斯演讲中一个反复出现的主题，是让他与许多其他民主社会主义拥护者不同的一个因素。

在 2009 年 6 月 11 日电视台、电台的第一期广播节目《你好，总统》（Aló Presidente）中，查韦斯大幅引用彼得·克鲁泡特金（Peter Kropotkin）1920 年 3 月 4 日写给列宁的信中的内容。笔者认为，引用查韦斯读出的最重要观点很重要，因为这解释了他的关注点。

> 没有地方力量的参与，没有一个来自农民和工人自己的组织，不可能建设一种新生活。

似乎苏联曾准备精准完成自下而上创建一个组织的任务。但俄罗斯只是在名称上成为苏维埃共和国。党对人民的影响……早已破坏了苏维埃这一充满希望的制度的影响和建设性[②]。

查韦斯总统确信，并在无数场合指出，不给人民权力，贫困问题无法得到解决。

4. 为参与创建合适空间

如果参与式民主进程充分、自由出现的适宜空间没有被创造出来，查韦

① Lebowitz, *The Path to Human Development: Capitalism or Socialism?*, P.27.

② 信中写道：“目前，是党的委员会而非苏维埃统治俄罗斯。党的组织受困于官僚主义组织的缺陷。为摆脱当前的无序状态，必须恢复有创造性的地方力量。” Peter Kropotkin to V. Lenin, March 4, 1920.

斯的想法可能只会停留在口头上。他创建社区委员会的倡议，以及不久后的工人委员会、学生委员会、农民委员会建议，是迈向形成真正人民权力的重要步骤。今天，这种权力也在村公社得到展现。

只有当一个筑基于工作场所的工人自我管理、社区居民自我管理的社会被创建出来时，国家将不再是一种服务精英、高高在上脱离人民的工具，相反会成为一个其干部由劳动人民最优秀的部分组成的国家。

玻利瓦尔革命政府最具革命性的想法之一是推动创建社区委员会（Communal Council），一种基于社区的自治组织①。它们是地区性组织，在拉丁美洲没有先例，因为参与者的数量少：人口稠密的城市地区是200至400个家庭，农村地区是50至100个家庭，在偏远的原住民区域的数量更少。创建社区委员会的想法旨在通过让公民感觉舒服、鼓励他们自由发言来创建为公民参与提高最大鼓励、便于参与者发挥能动性的小空间。

创建社区委员会这一基于区域的组织的想法后来陷入巨大争论，诸如城市土地委员会（Comites de Tierra Urbana）、健康委员会（Health Committees）等成功案例被近距离观察。城市土地委员会有大约200个家庭，围绕土地所有权事项组织而成；健康委员会由约150个家庭组成，组建的目的是为最弱势社区的医生提供支持。

如果我们将社区视为一个居住在特定地理空间的家庭的群体，它们知道并容易彼此相互联系，会面不用依赖交通工具，有共同的历史，用同样的公共服务，面临同样的问题。据估计，委内瑞拉有2600万居民，大约5.2万个社区。

每个这样的社区将选举一个充当社区政府的实体。此实体被命名为“社区委员会”，被选举出来执行任务的人则称为“发言人”（Voceria），该词源

① Marta Harnecker, De los consejos comunales a las comunas, *Rebelión*,February 22, 2010.

于西班牙语“发言人”（Vocero，Vocera），词根是“声音”（Voz）。

（二）一种不与委托民主对立的参与式民主

1. 直接民主的局限

我们必须理解，人民在大会上讨论并作决定的直接民主，不是唯一可以接受的民主形式。直接民主是民主的一种形式，无疑是最丰富、最主人翁式的形式，但有其局限性。

为使每个人都能充分参与，团体的规模不宜过大。很难想象在一个有 20 万居民的市实行直接民主，在由上百万人组成的大城市直接民主的可能性更低。

民主参与不能停留在囿于小规模，应该超越社区、工厂、教室，以从地方权力一直拓展到全国权力。同样的情况应该出现在一个工厂：除每个车间或部门的工人委员会以外，每个工厂也应该有工人委员会，每个工业部门也应该有工人委员会。同样的情况也应该出现在研究中心，每个教室、院系、大学都设有委员会。

我们不得不创建一个能让公民参与所有牵涉影响其生活的具体或一般事项的决策过程的制度。这要求建立一些不会产生传统资产阶级代议制政治固有的局限和畸形的权力委托形式。

在这方面，革命的委内瑞拉迈出了卓越步伐，标志着拉美政治历史上的一个新高度。为了开始创建一种将直接民主与委托或发言人结合在一起的政治制度，他们摒弃了政治代议的传统观念。那些当选的公社委员会委员被称为“发言人”，因为他们是社区的喉舌，当他们不再如此时，社区不再认为他们足以传递社区的想法和决定，这些人能被罢免，也应该被罢免。

2. 直接民主与委托民主的结合

简言之，建构一个人民权力或自我管理的新政治制度，将小范围的直接民主与一整套各级发言人或代表的大会制度相结合，选举、引导、监督不同政府机构。

对于资产阶级代议制民主的一种正确批判不应引导我们反对所有类型的代表制。我们反对的，是一种囿于每几年五分钟投票的民主，一种使重要的人口群体“被隐身”的精英民主，这些“被隐身”的群体如今开始出现在当今世界各地的政治舞台，公开而清晰地表达对既有政治制度的批判。

如果我们相信重要决策应该由人民作出，我们应该保持连贯并明确彼此居住在数百公里外的上百万人民如何去做这些决策。笔者认为，委托一些人在更高层级机构代表其所在社区的立场最合适，没有其他替代方式。我们应该清楚，即使他们不代表自己的根据地做出这些决策，其他人也会代为作决策。

否认委托的可能性，是在否认参与就超越我们地方（即社区、工作场所、教室）实际的事项作决策的可能性。

那些今天“被隐身”的群体不会“显身”，除非他们自己让他人感觉到自身的存在。这是萨帕塔运动主义者曾犯过的错误。尽管他们在1994年通过武装起义走向前台，随后却在国家政治生活中被边缘化，在一定程度上重新“隐身”。

鉴此，可以得出结论，我们有必要创建一种代表制度，一种与资产阶级民主制度非常不同的制度。后者将代表视为职业政客，因而认为他们应该因职位获得报酬。他们的任命被视为个人性质的，不是反映只在选举期间才接触的选民[①]。代表或发言人的替代制度是上述资产阶级民主概念和实践的对立面：当选的代表或发言人必须与其根据地保持连接，后者反过来必须监督和引导代表的工作，防止其官僚化。

---

① 塔皮亚认为：“他们正选举的是一个将会在一定时期内代理公民的人，执行全国或市级行政或立法任务。代表们当选后做的或许与公民选举他们时想要他们做的没有一丝关系，因为公民没有参与空间并将自己的政治观点传达给所谓的‘代表’。” Luis Tapia Mealla, “Gobierno multicultural y democracia directa nacional,” in García Linera, Tapia Mealla, and Prada Alcoresa, *La transformación pluralista del estado*（La Paz: Muela del Diablo, 2007）, PP.126-127.

代表们没有像资产阶级代表们那样被赋予特定时间段的自由处置权。相反，他们必须被选民的决定和方向所指导，选民根据代表被分配的任务来评判其表现。这正是萨帕塔主义者“通过听从来治理”（Governing by Obeying）理念的内涵。

这里，我们不得不澄清，当说代表授权有约束力时，情况并不完全一样。他们不是接受信息并简单加以转换的机器人，他们是有责任的、有创造性的人，面对其他社区的实际，他们必须能够调整所获得的授权。例如，一旦他们发现邻近社区处于比自己的社区更糟的境地，因而应该予以支持，而非简单地维护自己社区的权益。因为他们必须对所在社区的授权负责，代表们将回到自己的社区并解释自己的决定。他们将用休戚与共的理由来证明所做决定的合理性，赢得所在社区对自己为何选择不遵从被赋予的授权的理解。如果社区没有被说服，它有权罢免代表，因为代表不再代表自己的意愿。在这种情况下，可以说，该社区有待成熟，需要接纳休戚与共的价值观，因而配不上一个具备该价值观的代表。“人民拥有相配的政府”的古谚语，同样可以适用于社区。

阿尔瓦罗·加西亚·利内拉用其他语句解释了同样的事情，他在提及全国层面的治理时指出：

> 通过听从来治理，是每天确认，最高统治者不是国家，最高统治者是人民。人民不是仅每五年通过选票表达意愿，而是自己表达愿意，人民每天提出自己的需求、期望和集体要求。领导人只需要综合与团结，因为人民的声音可能是不一致的。人民不是同质的。不是的！有社会阶级，有身份，有地区。人民是形形色色的。在政府工作的人的作用不是代替人民，而是协调人民的不同声音，只是在某种程度上综合人民的关切。但这不意味着他们可以代替人民。

> 通过听从来治理，即最高统治者是人民，领导人只是观点的汇总者，清晰表达人民的需求，仅此而已。[①]

为了顺应“发言人”的角色，这些人应从工作场所或社区选出。并且如上文提到的那样，如果他们失去选民的信任，会被罢免。

此外，他们不应因“发言人”身份领取一份薪水，相反，他们应继续从事本职工作。如果在特定时段有必要全职从事社区工作，应该由社区通过自己的资源给予他们一定数额的酬劳以满足基本生活需求。通过这种方式，更为清晰地表明，为何代表应该向社区报告工作。这也避免使社区工作转变成只是为了获取一份薪水而开展的官僚任务。

最后，一些社区已经采取了一种健康的方式轮换干部，避免出现一种特定人长期霸占特定职位，进而妨碍社区其他人学习如何执行任务的局面。

当然，代表们被恰当地选出来非常重要。委内瑞拉的经历为我们提供了一些重要洞见。在委内瑞拉，我们已经看到代表们的选举合理地进行是如何重要，人民认识候选人，见过他们的行动，因而不是仅依赖候选人的说辞。

人民如何知道候选人是谁？一个社区委员会的实践操作通常是，选举以前，自我提名参加选举的候选人合作开展一次关于社区的社会经济和人口普查。这有非常积极的作用，因为通过该普查过程他们与社区的每个家庭建立联系。

社区简史、人民情况的详细介绍也非常有用，因为它使候选人更为了解他们将要面对的现实。

另一有建设性的活动是组织一次参与式调查，以便他们了解社区居民的真实需求和梦想。

---

① Álvaro García Linera, concluding remarks at a press conference in Maracaibo, Venezuela, during the VI International Forum on Philosophy.

因此，发表漂亮的演讲还不足以当选，社区人民已经看到每个候选人如何为社区奉献。这有助于避免选出只是为自身政治事业寻求一个上马机会的发言人。

笔者相信，所有这些应引导我们得出结论，即我们想要建设的民主制度应结合直接民主和非直接或委托民主。

（三）分权造就真正的民众能动主义

笔者曾说过，民众能动主义是社会主义的核心。如果人民没有机会表达他们的观点并在他们度过了绝大多数时间的地区（社区、工作场所、教育机构、利益团体等）进行决策，推进参与只能是空谈口号。如果中央政府决定所有事情，不给地方主动性空间，国家变成一种障碍，或者如马克思所说，最终阻碍社会的“自由运动”[①]。

伊斯特万·梅萨罗斯（István Mészáros）相信苏联的过度中央集权导致“苏维埃和工厂委员会均被剥夺了所有有效权力”[②]。我们不应惊讶，当他认为过渡阶段应继续追求的目标之一是“实现一种真正的自主和决策权的分权，与离开‘官僚制度’无法运转的既有集中和集权不同。”

1. 集权产生官僚主义

笔者赞同梅萨罗斯分权是同国家官僚主义异化战斗的最佳方式的观点。这不同于列宁看待这一问题的方式。列宁总是将官僚主义现象与资本主义联系在一起。

列宁生前关注影响国家机器的“官僚主义的脓疮”[③]。在晚年的一部著作中，他指出，“我们的国家机关，除了外交人民委员部，在很大程度上是旧事

① Karl Marx, “The Civil War in France,” in Karl Marx and Frederick Engels, *Selected Works*, vol. 2（Moscow: Progress Publishers, 1977）, P.222.

② 梅萨罗斯指出，列宁在《国家与革命》中提及“巴黎公社贫苦大众的直接参与”“工人阶级的自治被替代”。István Mészáros, *Beyond Capital*（New York: Monthly Review Press, 1995）,P.906.

③ Vladimir I. Lenin, “10th Congress of the RCP（B）,” *Collected Works*, vol. 32（Moscow: Progress Publishers, 1965）,PP. 165-271.

物的残余，极少有重大的改变。”[①] 此前，他曾将国家机器描绘为“资产阶级和沙皇制度的大杂烩。”[②]

在列宁1922年1月写的关于工会作用的最后一篇文章中，他甚至指出，在其直接反对无产阶级国家官僚主义异化的条件下，“决不能放弃罢工斗争”。他解释道，此类斗争与资本主义政权下发动的斗争非常不同，后者是为了推翻资产阶级国家政权，前者是为了通过同国家的“官僚主义弊病”及其巨大缺点以及在无产阶级国家“机构中还存在着各种资本主义旧残余”等斗争来巩固无产阶级国家[③]。

我们可以看到，列宁认为苏维埃的官僚主义异化是过去的遗产。笔者认为他错了，这妨碍了他为此顽疾开出正确药方。据笔者个人理解，官僚主义的深层原因在于，苏联的过度集权。我们都知道，当不仅战略决策而且几乎所有决定都由中央作出时，发生了什么——官样文章，没完没了地奔忙，立法缓慢，缺乏监督，缺乏对地方问题的回应，叫停地方主动性，等等。

2. 只有社会监督能阻止腐败

当1970年未能实现雄心勃勃的糖丰收目标时，古巴政府学到的最重要的教训之一就是，社会主义国家由中央管理所有事情，是不可能的，在古巴这样的不发达国家尤其如此。要求有人民能监督国家行使职责的方式并确保其更为有效运作的空间[④]。菲德尔·卡斯特罗在1970年纪念“7·26”运动的演

① Vladimir I. Lenin, “How Should We Reorganize the Workers' and Peasants' Inspection” *Collected Works*, vol. 33.（Moscow: Progress Publishers, 1965）,PP.481-486.

② Vladimir I. Lenin, “The Question of Nationalities or ‘Autonomization’” in *Lenin's Last Fight*（New York: Pathfinder Press, 2006）, P.194.

③ Vladimir I. Lenin, “On the Role and Functions of the Trade Unions in the New Economic Policy” *Collected. Works*, vol. 33, PP.188-196.

④ Most of what follows has been taken from the introduction to Marta Harnecker, *Cuba: Dictatorship or Democracy*?（Westport, CT: Lawrence Hill, 1979）.

讲中承认了这一点。

两个月后，菲德尔说，“革命进程本身表明”，“问题由官僚主义和管理方法所致。”[①]

在指出由党政不分和默认群众组织变弱导致的错误后，菲德尔强调人民在决策和解决问题过程中应该发挥的作用：

> 想象一个为附近所有居民提供面包的街边面包店与一个从上面管理它的行政机构。如何管理？人民怎能不关心面包店如何运作？他们怎能不关心管理者是好是坏？他们怎能不关心那里的人民是否有特权或者那里是否有疏忽，是否有同情心？他们怎能不关心面包店如何提供服务？他们怎能不关心那里的卫生问题？他们怎能不关心生产问题、旷工问题、商品的数量和质量问题？他们不能。
>
> 除了群众自己，还有谁能想出更有效的办法管理面包店？还有没有其他监督方法？不！经营这一微型生产单位的人可能会变腐败，监督的人可能会变腐败，每个人都有可能会变腐败。唯一不会变腐败的是那些受到影响的人！

这些观念被吸收进古巴 1976 年宪法。

新政治模式主张尽可能多地分权至市级。尽管这些机构应该服从上级机构，他们可以在既有法律法规框架内自主行动，且“不应顺从于来自上级的持续限制性监督。”

劳尔·卡斯特罗（Raúl Castro）认为，这一机制，“除了使高层机构特别

① Fidel Castro, speech given on September 28, 1970, on the occasion of the 10th anniversary of the Committees. for the Defense of the Revolution.

是全国机构工作更快、更好、更符合决策应何时何地作出的要求，还从大量沉重的日常管理任务重担中解放它们，实际上它们无法合理执行这些日常管理任务……更为重要的是，还有些日常管理任务阻止高层机构开展他们真正胜任的与制定标准、监管和监督相关领域的重要任务。”①

随着时间更替，经验表明有必要进一步分权，这导致1990年人民委员会的创立。人民委员会是一个在小于市的区域行使职责的政府机构，其目标是提高对所有管理机构的监管和监督，探索让一个社区所有居民参与解决他们自己的问题的方法。赫苏斯·加西亚（Jesús García）认为这一理念旨在有“一个能组织社区力量去解决人民在这一层面面临的问题的区（村镇）层级的强力政府机构”②。

不幸的是，过去20年困扰古巴的巨大经济困难使人民可以获得的用以实现抱负的资源极为有限。随着参与渐少并常常沦为流程，人民权力的干部开始精疲力尽并变得失去热情，人民对实验也丧失信心。这些以及其他我们此处不能涉及的因素意味着，在一个富有希望和创造性的开局后，人民权力实验逐步失去光彩。

3. 所有能分权的必须分权

根据历史经验，笔者越来越相信，分权是反对官僚主义的最好武器：它使政府离人民更近，使人民得以对国家机器进行社会监督。因此，笔者分享一下马克思的一个观点，即有必要分散所有可以分散的权力，中央只保留那些地方不能实施的任务。

重读马克思在《法兰西内战》一书中关于巴黎公社的思想非常有价值。

---

① Raúl Castro, speech given at a seminar for the delegates of the Matanzas Popular Power Assembly, August 22, 1974.

② Jesús P. García Brigos, “Cinco tesis sobre los consejos populares” *Revista Cubana de Ciencias Sociales* 31.（2000）.

我们知道他关于打破资产阶级国家机器特别是军队的必要性、创建公社警察的必要性、所有公共部门官员与工人同酬、官员可以被罢免等问题的思想。

但我们经常疏忽一个事实，即当马克思提及打破“国家政权”的必要性时，他指的是“中央集权的国家政权”。“中央集权”一词是关键，因为这是继承而来的国家的基本特征。

马克思的结论是，“旧的中央集权政府就得也在外省让位给生产者的自治机关”。

他还增加了非常重要的内容：

> 那时还会留给中央政府的为数不多然而非常重要的职能，则不应该像有人故意捏造的那样予以废除，而应该交给公社的官吏，即交给那些严格负责的官吏。民族的统一不是应该破坏，相反地应该借助于公社制度组织起来，应该通过这样的办法来实现，即消灭以民族统一的体现者自居同时却脱离民族、驾于民族之上的国家政权，这个国家政权只不过是民族躯体上的寄生赘瘤。①

4. 一种饱含休戚与共精神的非无秩序分权

当然，我们不是在讨论一种无秩序的分权。必须有一个协调地方计划的全国战略规划。每个分权地区均应是全国整体的一部分，愿意贡献自身的资源去加强那些具有显著短板地区的发展。这种类型的分权必须充满休戚与共精神。推动全国资源再分配，以保护弱小并帮助他们发展，是中央政府能承担的最为重要的职责之一。

① Marx, “The Civil War in France,” in Marx and Engels, Selected Works, vol.2 (Moscow: Progress Publishers, 1977) , P. 221.

5. 一种社会主义的分权概念

通过笔者说的，应该可以清晰看出，笔者不是在讨论新自由主义推动的作为一种削弱民族团结和单一民族国家全球战略的那种分权。笔者所赞同的是以一种完全不同的方式看待分权，一种社会主义的分权概念，它见诸玻利瓦尔宪法的许多条款[①]。笔者设想一种分权，通过加强社区和公社，使之作为民族国家的基础，帮助深化民主和支持中央政府这一捍卫我们的主权并领导全国迈向我们想要建设的新社会的基本工具[②]。

（四）一种旨在满足人的需求的新经济模式

21世纪社会主义主张以一种新社会主义模式替代新自由主义资本主义模式。新模式的主要特征有：第一，将人的发展作为中心和关注点。社会主义将依据人本主义和休戚与共的逻辑治理，旨在满足人的需求，而非逐利。第二，尊重自然，反对消费主义。我们的目标应该是活得“好”，而不是活得“更好”。第三，正如莱博维茨指出的，社会主义要求一种新的生产、分配和消费辩证法，基于：其一，生产资料社会所有；其二，由工人组织的社会生产；其三，满足公共需求[③]。第四，既尊重自然又寻求人的发展的新效率观。第五，通过分权参与式计划过程（与苏联式高度集权的官僚主义计划不同）理性使用可以获取的自然和人力资源[④]。

1. 生产资料社会所有

作为马克思主义者，我们都很清楚，社会产品的分配取决于生产资料在社会中如何分配。在一个国家，为使社会财富满足每个人的需求，基本生产

---

① In particular, Articles 16, 157, 158, 85, and 269.

② Marta Harnecker, “La descentralización ¿fortalece o debilita el estado nacional?” *Rebelión*, May 14, 2009.

③ Lebowitz, *The Socialist Alternative*, PP.85-89.

④ See Pat Devine, Democracy and Economic Planning: *The Political Economy of a Self-Governing Society*.（Cambridge: Polity Press, 1988）.

资料不为少数人垄断并用于其自身利益，而是置于集体、社会所有之下，非常必要。

国家所有不等同于社会所有，即使 20 世纪社会主义倾向于认为它们是同一事物。列宁坚持区分国家所有与社会所有。在这个意义上，区分形式所有（法定所有）和实际所有非常重要。国家形式上代表集体，但对人民而言，事实上占有生产资料（工厂、矿、土地、服务）要求的更多，不只是没收资产阶级财产的一纸法律文书和将生产资料置于国家控制之下①。

苏联及模仿苏联模式的国家上演的不是生产资料真正为工人所有，只是生产资料国有化。生产资料不再为少数人所有，变成代表工人的国家所有。但生产过程实际上变化不大，一个大的社会主义工厂与资本主义工厂区别很小，工人依然只是机器上的齿轮。工人很少或没机会参与工厂内部决策。这一被误打上“国家资本主义”标签的生产组织依然是科层式的组织，经理有“独断”权，命令自上而下发布。派特·戴文（Pat Devine）认为，我们不应使用“国家资本主义”一词来形容此类局面，因为绝大多数生产盈余流向国家而非私人（领导人、经理）手中，并主要被用于推动经济发展、满足迫切社会需求②。下文笔者将进一步丰富社会所有概念。

2. 由工人组织生产

国家成为生产资料的法定所有人还不够。为了社会所有，工人需要将生产过程掌握在自己手中（占有）并参与组织生产。他们应该能够贡献通过实践获得的思想和知识，而非感觉只是像机器上的又一个齿轮。通过理论与实践结合，实现人作为社会存在的全面发展。

在阿连德时期的智利，据说工人参与国有企业管理的一个目标是“人格

① On the concept of property and real appropriation, see Marta Harnecker, *Los conceptos elementales del materialismo histórico*（Mexico: Siglo XXI,2010）, esp. chaps. 2 and 9.

② Devine, *Democracy and Economic Planning*, P.123.

的整体发展”。因为工人与任何公民一样拥有相同权利，“如果他们在工作场所内部没有平等权利，将是荒谬的”[①]。

21 世纪社会主义无法听任生产过程使工人异化，不能继续维持脑力劳动与体力劳动之间的差别。工人必须了解作为一个整体的生产过程，必须能够监督这一过程，能审核和决定生产计划、年度预算、包括上交国家财政在内的盈余分配。

能不能说工人已经准备好积极参与企业管理了呢？除了极少数情况，通常并非如此，恰恰因为资本主义从未为工人提供必要的管理企业的知识技巧。笔者这里提及的不只是生产，也包括与市场和金融相关的事务。将知识集中于管理层之手是确保资本剥削工人的机制之一。

因此，推动企业自我管理或合作管理的第一步是允许工人掌握此类知识。为此，他们必须开始参与实际管理，同时获得商务和管理技巧方面的培训。

3. 满足公共需求

最后，如果生产资料归社会所有，这意味着归所有人所有，生产的东西应满足人民的需求。此外，盈余不能为一个特定工人团体所独占，而是必须在地方、国家乃至国际共同体之间共享。

谁决定这些需求？对于 20 世纪社会主义而言，中央政府决定存在什么社会需求并决定生产什么以满足这些需求。对于 21 世纪社会主义而言，必须是人民通过一种参与式计划进程自己决定和排序生产什么。

（五）新效率概念

21 世纪社会主义要求一种新的效率概念，一种“社会主义效率”[②]概念。

---

① Partido Socialista de Chile, “Elementos a considerar para la política de participación de los trabajadores en la. empresa industrial” unpublished document, 1971.

② I have borrowed the principal ideas that I develop here from Lebowitz, *The Socialist Alternative*, PP.154-161.

此概念不能以资本主义的视角复制。资本主义效率概念认为效率只在生产剩余价值的范围内，生产率根据特定时段里生产的产品数量衡量，不管这些产品是否满足人民的需求或者对自然是否有害。日本在智利南部的跨国公司的效率通过给定时间里砍伐的木材数量衡量。这一做法没有考虑智利森林的大量减少及其对环境的消极影响。

正如莱博维茨所指出的，社会主义背景下的效率必须考虑两件事[①]。其一,一个企业只有在生产过程不破坏人类未来、不破坏大自然的情况下才是有效率的。其二，企业生产的产品的二重属性，通常被熟视无睹。尽管似乎看上去当将原材料转换成产品时只生产了商品，实际上生产过程中还有一种因素被转换了，那种因素就是工人自己。当工人工作，将原材料转换成产品时，他们也在发展或损害自己。在这个意义上，一个社会主义背景下的企业只有在除了物质生产外，还能让工人通过参与管理来实现理论与实践的结合以将自己发展成丰富多彩的人，才是有效率的。为了让这种参与成为一种客观实际而非仅仅流于形式，工人需要了解生产过程。

历史经验告诉我们，没有此类教育，不是工人（虽然最终还是会管理企业），而是更为了解生产过程的专家，管理业已成为社会财产的企业[②]。

重视对人的发展的投资。教育和培训不应被视为不能在工作日进行的项目。相反，每个工作日都应该包含一个被视为工作整体一部分的时段，专门用于教育和培训工人。在社会主义制度中，对工人发展的投资应视为生产投资。

一个社会主义导向的钢铁企业的效率，不能与一个资本主义钢铁企业的效率衡量方式一样。前者预留专门时间为工人提供技术和管理培训，而后者

① Ibid., PP.144-149.

② Lebowitz, *Build It Now: Socialism for the Twenty-First Century*, PP.73-84.

则将整个工作日用于生产产品。如果效率单纯根据生产水平衡量，资本主义企业或许领先（尽管这不能视为理所当然），因为它忽略了工人意识到自己的劳动的意义和目的时所带来的好处，可以形成更大的工作动力，对生产率产生积极影响。如果效率不仅根据劳动生产率也根据对自然和工人自我发展的尊重来衡量，毫无疑问，一个自我管理或合作管理的社会主义企业将会胜过一个资本主义企业。

（六）社会主义建设的动力与自觉水平

使工人有效地生产高质量产品，是21世纪社会主义面临的挑战之一。苏联模式在这方面是失败的。菲德尔·卡斯特罗也意识到这一点。在苏联解体前古巴全国人民政权代表大会的一次报告中，菲德尔指出，社会主义尚未成功搞懂如何替代“皮鞭”在资本主义鼓励生产中的作用。

一些人实现这一目标的解决办法，是使用资本主义的工具，偏向依赖个人激励和私人产权。但个人激励或私人产权是激励工人的仅有的可用杠杆吗？

一种拥有生产资料的感觉，似乎是决定工人对待其工作的态度的一种重要因素。那为何苏联的经典口号“工厂归工人”“土地归农民”在苏联模式中无效？

古巴观察家达里奥·马查多（Darío Machado）为我们提供了一种解释。他认为，在东欧社会主义国家，“工人从未感到自己是生产资料和服务的所有者”。尽管在法律意义上他们是所有者，但却没有参与。当他们工作时，上层的其他人决定“生产什么，如何生产”[①]。

国家以工人的名义持有工厂和土地的所有权，与这些工厂和土地归代表

① Fernando González, Darío Machado, Juan Luis Martín, and Emilio Sánchez, “Notas para un debate acerca del. hombre nuevo,” *Ponencias Centrales: Seminario El socialismo y el hombre en Cuba*（Havana: 1988）.

工人的自我组织和自我管理之间存在巨大差异。

1. 工作场所的能动性，一种重要动力

南斯拉夫总统铁托重视能动性。他反对斯大林主义官僚模式，试图推动一种工人广泛参与的经济模式，将生产资料交给工人以自我管理形式运作。

自我管理的南斯拉夫产业工人，取得了积极的经济成效，因为他们能够参与管理，他们的意见能得到考虑，他们知道自己工作的结果将会转化为自己的好处。劳动生产率极大提高①。

归属感和使命感也出现在委内瑞拉电力行业的工人中间②。意识到反对派瞄准电力管理和促进公司（Cadafe）后，电力工人组织起来阻止任何蓄意破坏企图。工人们反对由以前的政府推动的在事实上拆解该公司的私有化的长期斗争，让这些工人开始在重新控制公司的斗争中提出合作管理（Cogestión）要求。这一经历产生了矫正南斯拉夫出现的一些偏差的观念。

由于该公司从战略上来讲对整个国家非常重要，避免工人管理变成保护特定个人和团体狭隘利益的一个工具很有必要。为避免这种情况，来自组织起来的社区的发言人与工人和公司经理一道合作管理也很重要。毕竟，该电力公司不只是属于电力工人，它属于全体委内瑞拉人，他们的声音也需要在该公司得到表达。他们应该有机会指出不足，提供解决办法，并合作执行。

在委内瑞拉梅里达州，这种类型的合作管理被引入地区电力公司，并在多方面取得良好效果：服务明显提升；此前因电力公司服务差而饱受社区批评的电力工人，如今广受欢迎；收入大幅增加；家庭非法偷电减少。这些结果得益于以下因素：一名由工人提名的地区经理；一名支持这一决定的总经理；一名与工人和经理关系都良好的工会领导；工人与社区之间讨论如何改

① Lebowitz, *Build It Now: Socialism for the Twenty-First Century*, PP.73-84.

② Marta Harnecker, *Los desafios de cogestión*（*Cadafe y Cadela*）（Caracas: La Burbuja Editorial, 2005）.

善服务的例会。各方的连带责任感至关重要。工人对那些运行公司的人有信心，这一切方能切实可行。这是为何在委派管理干部时要听取工人声音那么重要的原因。

“当工人感到他们的观点得到考虑时，他们愿意加倍努力工作，因为他们现在快乐工作”，一个工会领导人这样告诉笔者。“此前他们为工资工作，现在发自内心的工作”。

能够参与决策，是激励工人尽最大努力工作的主要方式。在此背景下，工作不再异化，工人随着开始感觉自己有用并且是一个比自己的企业更大的家庭的一分子而在精神方面得到升华。通过这种方式，可以实现自我价值的更大发展。

但这一目标不能一夜之间实现。个人主义和消费主义被反复灌输给工人，工人的工作动力通常与经济激励挂钩。这迫切需要一个文化转型进程。到人民建设新社会和参与管理其所在工作场所的程度后，他们的工作不再是一种负担，而是变成自身潜力的一种展示。到工人投身于使自己满意的团结行动的程度后，他们开始理解行动比拥有更重要。诸如此类，道德激励能日益变成一种推动人民付诸行动的力量。但这是一个渐进过程。

回顾社会主义社会的工作动力和激励，总结越南等国的农业合作社的经历非常重要。从这些经历可以看出，有必要一步一步推进。在最初分配盈余的过程中犯了一些错误，过分强调用于集体作用（满足社区特别是儿童、老人等群体的需求）的社会救助形式，而非根据每个农民的贡献进行分配的工资形式。结果贡献多的农民选择离开合作社，而留下的农民发现有必要减少集体补助份额以吸引离开的人回来。

2. 如何在激励一些工人的同时不对其他人造成不公

涉及动力和激励问题，巴西无地工人运动的经历同等重要。其最初的政策是所有家庭平均分配，而不考虑每个家庭的贡献。这让付出更多努力的人感到灰心，导致其在最需要增加生产的时候游移不定。无地工人运动因而转向基于工作日的分配，最后根据工作时间分配。事实证明，在激励方面，这一方案比原来的要好。但是，它依然被视为不公平，因为每个成员的生产率不一样：一个年富力强的人一小时里收割的谷物比体力不佳的人要多。无地工人运动的领导人面临寻找衡量每个成员贡献最有效方式的挑战。

3. 社会主义与资本主义的钝器

考虑恩格斯 1890 年致康拉德·施米特（Conrad Schmidt）的信中提及的应如何组织未来社会的分配（特别是分配是否应依据工作量或者其他）的讨论很重要。恩格斯对此讨论没有涉及分配模式之间必然存在的关系以及可以用来分配的产品数量感到诧异。“分配的方式基本上取决于有多少东西要分配，有多少东西可以分配必然根据生产和社会组织的进步发生变化，分配方式因而也会发生变化。”[①]

我们面对的巨大挑战是如何对待过去的遗产以建设未来。当然，起始阶段有必要探索鼓励工作和奖励最大努力的方法，因为如果付出较少努力的人与全心工作的人得到的一样，将是不公平的。我们也必须鼓励创造和创新。笔者认为，应该有一个渐进过程发展形成将物质和精神鼓励相结合的举措，开始改变文化和人民的价值观，直至他们认为最好的回报、最好的激励是看到自己的工作正帮助满足其他人的需要、使他们高兴，意识到自己的工作正帮助建设一个为所有人的更好社会。我们不能用资本主义的钝器建设社会主义，我们也不能一夜之间淘汰这些工具。相反，它们的作用应逐步减弱，直到我们能创造条件推动强化个体自我利益以外的激励机制的文化转型。我们将逐步从一个人们根据自己的付出获得回报的社会，转向一个人们根据自己

① Frederick Engels to C. Schmidt, August 5, 1890, in Karl Marx and Frederick Engels, *Selected Correspondence*.（Moscow: Progress Publishers, 1965）, P.415.

的能力作贡献并根据需求获得回报的社会。

（七）社会主义参与式计划的集中性

没有参与式计划，就没有社会主义。笔者强调这一点，不只是因为我们必须终结资本主义的无序生产，也因为只有通过此类进程才能使社会真正占有劳动成果。笔者尝试说明这一论断。

1. 生产资料：一种社会遗产

笔者此前曾指出，生产资料的社会所有是社会主义的基本要素之一，这一主题值得进一步深化研究。是时候这样做了。为理解该概念，有必要考虑什么产生财富。马克思认为，有两个财富源泉：自然与用来自自然的原材料创造使用价值的人类劳动。我们不应忘记，除了活人的劳动，还有《资本论》中提及的“死劳动”，即体现在生产资料中的劳动。过去的劳动是财富生产的一种重要因素[①]。

工具、机器、土地的改善，当然还有极大增加社会生产率的知识和科技发现，是代代相传而来的遗产，它们是一种社会遗产，人民的一种财富。

但是谁拥有此财富，这些社会财产？资本主义通过一个神秘化过程让人们相信此财富的合法拥有者是资本家。这是他们只有当损失得到补偿时才接受国家征用的基础。这也解释了为何资产阶级法律毫不犹豫地认为此类补偿是自然的、公正的。与此形成对比，社会主义承认财富是一种必须用于服务作为整体的社会的利益的社会遗产，不能服务于私人利益。这些包含了世代劳动的财富不属于特定人或国家，属于全人类。

问题是我们如何确保出现这种情况？唯一方式是这些资源的去私有化，将它们转换成社会所有。由于 21 世纪初的人类依然不是没有疆界的人类，这些行动必须基于一国一国的基础开始，第一步因而是将战略生产资料的所

---

① Lebowitz, *The Socialist Alternative*, PP.31-45.

有权交给一个表达社会利益的国家。

2. 阐释所有权的概念

我们首先需要理解生产资料所有权的概念。此概念与包括使用、享有、处理生产资料以及生产过程中获得的产品的能力在内的数个事项相关。区分法律所有权与使用、享有和处理所有权的实际权力或可能性也很重要。

我们将使用“有效占有”来描绘生产资料持有者将其付诸行动的能力，也就是说控制或管理劳动过程。我们将使用“实际所有权”来描绘有效占有在那些有权处理生产资料及其产品的人手中的情况。

马克思告诉我们，在手工制造阶段，即使资本家是生产资料的法律所有人，他也尚未完全掌控生产资料：生产资料依然需要适应人，工人的专长依然重要。但在扩张的工业化资本主义，情况相反。机器使生产的组织独立于劳动力的特点。工人失去了对工作过程的所有控制，他们完全与生产资料隔离开来，资本家不再只是法律所有人，也变成实际所有人，最终掌控整个生产过程。

或许会出现实际所有权与法律所有权不在同一个人手中的情况。例如，农业土地可以国有化，也就是说，变成国家所有（法律所有权），生产过程运行、土地及其果实的处置等权利可以委托给公社或地区中心。国家拥有法律所有权，实际所有权归公社[①]。

或许还有其他混合情况。例如，处置生产资料和产品的权利在生产者以外的人手中，农奴制生产（Servile Production）就是如此。地主有土地的法律所有权，并因而获得一份产品；而农奴则用自己的生产资料进行生产，并因而获得另一部分产品。从地主那里获得一块儿土地的直接生产者是有效占有。

① 另一个情况是，政府干预公司时，法律所有权与实际所有权分离。从法律的角度看，资本家依然是所有人，但政府任命的经理决定生产何种产品、生产资料如何使用。

3. 国家所有：一种司法变迁

在社会主义初级阶段，主要生产资料的处置权在国家手中，这只是代表了一种所有权的司法变迁。工人从属于外部力量的情况依然存在；虽然有新型社会主义经理，但工人在生产过程中的异化状态没有变。这是形式上的集体所有，因为虽然国家代表社会，但真正的处置权（所有权）依然不是集体的。这也是为何恩格斯认为：生产力的国家所有不是冲突的解决办法，但是它包含着解决冲突的形式的手段，解决冲突的线索。这种解决只能是在事实上承认现代生产力的社会本性，因而也就是使生产、占有和交换的方式同生产资料的社会性相适应。而要实现这一点，只有由社会公开地和直接地占有已经发展到除了社会管理不适于任何其他管理的生产力[①]。

4. 参与式计划：社会如何将生产资料掌握在自己手中

社会占有生产资料意味着什么？社会是一个高度抽象的概念，它可能指全人类。在笔者看来，需要决定的是谁能有效占有生产资料，即谁应有权使用、享有和处置资产。在这里，派特·戴文区分社会所有权不同层次的贡献对笔者而言很重要。每个层次均与谁“受关于相关资产使用的决定的影响”相连，“与受影响的程度成正比”[②]。

根据此逻辑，一个为特定地区（例如，一个市镇）制作面包和甜品的面包店，它的工人生活在该地区，它的原材料也来自本地区内的农民，它应该

---

① Engels, *Socialism: Utopian and Scientific*, P.90.

② 社会所有权最宜界定为那些受关于相关资产如何使用的决定影响的人（根据受影响的程度确定比例）的所有权。它与利益共享制的绿色概念有诸多共同之处。根据自主权原则（该原则至少理论上是欧洲共同体多层治理结构的支撑），产权所有人将因决定的一般性程度和触及范围而出现差异。一般性程度高的决定通常比一般性程度低的决定，牵涉更多资产，影响更大范围的人群和利益。在每个层级，产权所有人需要就深化他们界定的集体社会利益的资产使用彼此协商、达成一致。协商合作的多层进程正是参与式计划的初衷。Pat Devine, “Social Ownership and Democratic Planning,” *in Feelbad Britain: How to Make It Better*, ed. Pat Devine, Andrew Pearmain, and David Purdy（London: Lawrence and Wishart, 2009）.

为该市镇所有。这个面包店归整个国家所有毫无意义。

相比之下，诸如石油等战略部门，石油员工对这一属于该国所有居民（或者甚至是全人类）的资源宣布所有权，将是不合理的。但这不意味着那些工人不应在管理企业特别是生产过程中发挥决定性作用。其盈余应该用于企业的新投资，用于改善其工人及周围社区的生活条件，也应该上交国家财政。该企业的法律所有权应掌握在国家手中，有效占有或生产过程的控制应该掌握在企业雇员手中，但产品的用途在扣除投资和劳动者报酬后应由整个社会决定。

第一个案例中的市镇和第二个案例中的社会该如何决定要对生产活动的成果做什么？参与式计划进程必须发挥必不可少的作用。这与官僚主义计划非常不同。

笔者赞同戴文参与式计划的主角将根据社会所有权的不同层次而变化的观点。类似社区面包店的情况，生产多少、用多少原材料、什么质量、什么花样、产品何时准备好、如何分配、投资多少用以加强或扩大企业，等等，不仅应由在面包店工作的人决定，也应由生产原材料的人以及面包和甜品的消费者决定。诸如石油企业的情况，工人必须参与管理的同时，关于再投资、新投资、市场、盈余的使用等决定，必须全社会参与。在两种情况下，地方或全国应由其不同代表或发言人在场。

社会所有是社会主义的核心特征之一。为确保社会所有不只是形式上的司法所有权，社会必须通过参与式计划实践“公开直接地占有”这些生产资料。具体操作方式将取决于社会所有的层次。

四、过渡及其多样性

我们已经论及我们想要建设的新社会的一些特征，或许你会问，还要多久才能实现这一目标？历史表明，由资本主义社会向社会主义社会过渡需要一个长的历史时期。一些人认为是几十年，一些人认为是几百年，也有人认为社会主义是我们必须追求但或许永远不会完全实现的目标。

我们将这一历史时期称为“向社会主义的过渡”时期。我们应区分向社会主义过渡的三种类型：发达国家的过渡；掌握国家权力的落后国家的过渡；只有政府掌握在左翼手中的国家的过渡。

（一）发达国家的过渡

俄国革命以前，马克思主义最常见的解释是社会主义将从更为发达的国家开始，这些国家的资本主义自身创造了相应的物质和文化条件。通过革命获取国家政权被认为是使剥夺剥夺者、创建生产者协会、将国家转变成社会的一种表达而不是凌驾于社会之上的实体成为可能的必要条件。生产力的高水平发展也被视为一种必不可少的条件。

这一关于过渡的思想，实际上从未变成现实，因而被用来作为反对马克思的一种论据，这只反映出那些提起此问题的人没有读过马克思后来的作品，他修改了最初的观点，并开始更为关注革命的政治条件而非经济条件。

在1877年9月27日致弗里德里希·阿道夫·佐尔格（Friedrich Adolph Sorge）的信中，马克思强调，“革命将从东方开始”。马克思为什么这样说？因为他看到了当时正在俄罗斯酝酿的政治条件，所有都似乎表明，俄罗斯与土耳其之间将会爆发一场战争，俄罗斯政府会被击败，战败会造成严重的经济和政治影响。所有这些将发生在一个经济、道德和知识分子全面崩溃的情况下，俄罗斯社会在这种情况下发现了自己[①]。马克思不仅预见了在一个落后国家发生政治革命的可能性，也预见了农村集体所有传统呈现出来的可能

① Karl Marx to F. A. Sorge, September 27, 1877, in Marx and Engels, *Selected Correspondence*, P.308.

性，能为越过资本主义农业由公社过渡到社会主义提供基础[①]。

（二）赢得国家权力的落后国家的过渡

历史证明，马克思是对的。社会主义建设没有从拥有大量有经验的产业工人阶级的发达资本主义国家开始，而是从农民占主导、工人阶级只占少数的资本主义发展刚刚起步的国家开始。

为什么这样？因为政治条件超越了经济条件。

1917 年俄国的二月革命，结果是资产阶级获得政权，但政权由资产阶级、工人和苏维埃战士共享。二月革命被列宁视为一次未完成的革命，“无产阶级第一次革命的第一阶段，是战争的必然结果”[②]。列宁认为，正是帝国主义战争的可怕经历，导致这些无产阶级的起义。只有无产阶级夺取俄国政权并采取即使尚不是社会主义性质但却朝向社会主义的举措，这些罪恶才能被治愈。

列宁充分认识到，自己祖国的落后性将妨碍其立即实施社会主义制度。他也完全清晰地看到，使自己的祖国摆脱战争造成的严酷形势的唯一出路，是采取朝向社会主义目标的步骤[③]。他写道：

> 在 1917 年，从 4 月起，即在十月革命以前很久，在我们夺取政权以前很久，我们就已公开说过并向人民解释过：现在革命不能就此止步，因为国家前进了，资本主义前进了，经济破坏已达到空前的程度而要求（不管谁愿不愿意）向前迈进，走向社会主义。因为，

---

① Teodor Shanin, *Late Marx and the Russian Road: Marx and"The Peripheries of Capitalism"*（New York:Monthly. Review Press, 1983）.

② Vladimir I. Lenin, “Resolution on the Current Situation” *Collected Works*,vol. 24（Moscow: Progress Publishers, 1977）, P.310.

③ Marta Harnecker, *Reflexiones acerca del problema de la transición al socialism*（Managua: Nueva Nicaragua, 1986）,P.23-35.

不这样就不能前进，就不能拯救备受战争摧残的国家，就不能减轻被剥削劳动者的痛苦。①

十月革命前的几周，列宁详细阐述了前几个月反复提及的分析：

在整个历史上，特别在战争期间，站在原地不动是不可能的。不是前进，就是后退。在用革命手段争得了共和制和民主制的 20 世纪的俄国，不走向社会主义，不采取走向社会主义的步骤（这些步骤为技术和文化的水平所制约和决定：在农民的耕作中“实行”大机器经济固然不行，在糖业生产中要取消大机器经济也是不行的），就不能前进。②

俄国十月革命打破了欧洲社会民主主义的传统先入之见。当社会主义的客观前提在俄国还未成形时，当生产力发展还未达到使社会主义成为可能的发展水平时，无产阶级革命取得了成功。第二国际的领导人得出结论，无产阶级掌握政权并开始社会主义建设是个错误，应该沿着资本主义发展道路和西欧资产阶级民主道路发展。

1923 年 1 月，列宁在最后的作品之一中，责备了那些支持上述论调的人。他强调，这些人没有考虑为何革命首先在俄国而不是欧洲发达国家爆发。他们没有意识到战争在俄国造成了一种毫无希望的局势，农民战争与工人运动相结合的政治条件促成了力量平衡，使推翻沙皇制和大帝国主义资本

① Vladimir I. Lenin, “The Proletarian Revolution and the Renegade Kautsky” *Collected Works*, vol. 28（Moscow: Progress Publishers, 1974）, PP.227-325.

② Vladimir I. Lenin, “The Impending Catastrophe and How to Combat It” *Collected Works*, vol. 25（Moscow: Progress Publishers, 1977）, PP.323-369.

成为可能。他们下一步该如何做？他们应该因为还未具备建设社会主义的所有物质和文化前提而拒绝社会主义革命道路吗[①]？

提及社会民主党人的想法，列宁指出，“你们说，为了建立社会主义就需要文明。好极了。那么，我们为什么不能首先在我国为这种文明创造前提，如驱逐地主，驱逐俄国资本家，然后开始走向社会主义呢？”[②]

即使列宁认为俄国不得不选择社会主义道路，因为它是解决战争导致的严重问题的唯一办法，他并不是没有意识到这是一项极端困难的任务，知道“社会主义最终在一国胜利当然是不可能的”[③]。

也正是第二次世界大战造成的政治条件，使得革命者先后在东欧、非洲和亚洲获得国家政权，并利用国家政权开启向社会主义的转型。

（三）左翼只掌控政府的国家的过渡

拉美在二十世纪八九十年代的情形在某种程度上类似于 20 世纪初革命前的俄国面临的情形。帝国主义战争及其恐怖对俄国意味着什么，新自由主义及其恐怖对拉美就意味着什么——饥饿和贫困，财富分配日益不均，自然的破坏，主权日益丧失。在这些情况下，我们的人民高呼“够了！”并探索新的道路，先是抵抗，随后进攻，使持反新自由主义纲领的左翼总统候选人获胜成为可能。

这些拉美政治领导人面临俄国布尔什维克曾面对的同样困境：是用资本主义措施推动国家前进，这意味着人民经历更多苦难；还是开始建设对资本主义的一种替代，朝向另一个让人民成为新社会的主要建设者的模式。

---

① Vladimir I. Lenin, “Our revolution” *Collected Works*, vol. 33 (Moscow: Progress Publishers, 1980) , P.478.

② Ibid.,P. 480.

③ Vladimir I. Lenin, “Report on the Activities of the Council of People’s Commissars” *Collected Works*, vol. 26. (Moscow: Progress Publishers,1977) , P. 460.

换言之，新自由主义实施后的明显失败——业已证明它不能解决人民的问题——导致相应困境：是重建新自由主义的资本主义模式，有诸如更关注社会问题等方面的明显变化，但依然由同样的资本主义逻辑驱动；还是在建设替代方案上取得进展。即使在苏联曾发生的与拉美正上演的之间存在相似性，拉美的“左翼”政府正面临的情形比苏联政府曾面临的情形要更为复杂。

在向替代方案前进的过程中，拉美不同“左翼”政府之间存在巨大差异。有些局限于采取重要社会政策但并未打破新自由主义经济模式，哪怕它们努力发展有成效的国家资本主义。

其他政府则决定开始探索一条真正的替代道路，一条通向社会主义的道路，同时清醒地知道他们所处的客观经济条件迫使自己暂时与资本主义生产形式共存。

1. 只控制政府权力的该如何前进

对这些群体而言，存在的困境是当只赢得了政府权力时如何向社会主义前进。这使得形势更为复杂。这些国家不仅要面对落后的经济条件，还要面对依然没有完全掌握国家权力的事实。

这些国家不只经济、物质和文化条件不利于建设社会主义，也缺乏最重要的条件，至今依然被视为必不可少的条件：我们不完全掌握国家权力，只掌握其中一小部分。我们不应忘记，国家权力不限于行政部门，也包括立法和司法部门、武装力量、地方政府机构（市政府和州政府）以及其他机构。

2. 组建政府与掌控国家权力的区别

政府权力与掌控国家权力不是一回事。这是左翼的一些部门在智利犯的错误之一。人民说，忽视既有力量的平衡，我们已经掌控了权力，我们所要做的是推进我们的计划。

不能否认，赢得政府，意味着我们掌握了一点点政治权力，同样，不能忘记，尽管我们有非常大的左翼政党和站在我们这边的相当强的劳工运动，但我们没有武装力量，我们在议会中居少数。我们从未在任何选举中赢得绝对多数。基督教民主主义不仅在中上层阶级而且在工人和农民中依然拥有大批追随者。这部分解释了为何支持阿连德的人民团结联盟从未主张组建一个制宪大会。它所做的是利用既有立法并寻找法律漏洞。20 世纪 30 年代，一个存在了 100 天的社会主义政府通过的一些法律依然有效。借助那些法律，我们得以前进，国有化绝大多数经济战略部门，人民团结联盟称其为“归社会所有的领域”[①]。

笔者赞同那些相信获取国家政权是一个复杂过程的人，其中最重要的一个方面是掌控武装力量，或者“对暴力的垄断”。这是为何查韦斯坚持智利阿连德领导的进程与玻利瓦尔革命进程之间存在一个基本区别：前者是一个没有武装的和平过渡，而委内瑞拉则是一个武装和平过渡，不是因为人民被武装起来，而是因为武装力量的大部分支持玻利瓦尔革命进程。

3. 利用继承而来的国家机器推动自下而上创建一个新国家

我们应该承认，我们的政府继承了在资本主义制度中运转良好的国家机器，但并不适合迈向一个充盈着团结精神的人道主义社会的征程，一个不只是将人置于他们自身发展的中心，而且让他们成为变革进程主要参与者的社会。

不过，实践表明，与一些激进左翼的教条主义相反，可以利用继承而来的国家机器并将之转化成为一个合作建设新社会的工具。

国家机构由意识到应该与组织起来的人民合作以控制国家机构的行动并督促国家机器转型的革命干部运行的事实，使这些机构在特定范围内为革命事业工作成为可能。

但我们必须清楚，这不意味着我们能简单地局限于使用继承而来的国家

---

① Marta Harnecker,“La lucha de un pueblo sin armas” *Rebelión*, September 10, 2006.

机器。新政治制度的基础有必要由革命政府使用自己所能利用的权力打造，为人民参与创造提供充足空间，为人民在各层级行使权力做准备，从最简单的到最复杂的。通过这样做，推动自下而上创建新国家或者一个将替代旧国家的非国家实体（Non-State）。正如恩格斯写道："对人的统治将由对物的管理和对生产过程的领导所代替"①。

瓦尔特·波马尔等人认为，只要条件不存在，只要工人阶级没掌握国家权力，只能说"为社会主义斗争，而不是向社会主义过渡"②。笔者不赞同这种观点，因为笔者认为，给一个进程冠名"过渡"，出自其追求的目标和实现目标所采取的措施。当然，这些举措必须与所追求的目标保持一致。

波马尔"掌控国家权力是一个复杂进程"的观点，但笔者认为此进程可以恰好自左翼力量掌握政府权力开始③。

（四）每个国家自己的过渡

笔者曾指出，我们的一些政府开启了向社会主义过渡的进程，毫无疑问，每个进程都非常不同。

正如莱博维茨所说，"社会主义不是从天上掉下来的"。每个社会都有使自己不同于其他国家的独特特征，因而尽管或许有共同目标，在过渡进程中采取的措施必须适应于每个国家的特定条件。它必须植根于特定社会。

1. 历史和传统

每个国家都有自己的独特历史，自己的独特传统（包括宗教和原住民方面的传统），自己的神话，那些为更好地世界而奋斗的英雄，以及斗争过程中人民发展形成的个人能力④。

---

① Engels, *Socialism: Utopian and Scientific*, P.92.

② Pomar, "Las diferentes estrategias de la izquierda latinoamericana." P.246.

③ Ibid., P.247.

④ Lebowitz, *Build It Now*, P.67.

2. 出发点

每个转型进程的出发点也不同。所采取的措施将取决于进程开启时存在的条件：继承而来的经济结构的特异性，生产力的发展水平，日常生活的表现方式，人民的教育水平，等等[①]。

3. 力量的关联

每个过渡将由那些希望建设一个新社会与那些力图阻止变革的力量之间存在的关联以及国内外阶级斗争的水平塑造。

4. 历史角色

最后，取决于每个国家的阶级结构、斗争历史，为过渡奋斗的历史角色将不同。在一些情况下，可能是工人阶级政党；在一些情况下，可能是原住民和农民运动；在另一些情况下，可能是军队；在其他情况下，可能是魅力型领导人。

所有这些都蕴含了一个不言自明的认识，即不存在一个关于过渡的一般理论，每个国家必须设计自身的独特过渡战略。除了其他因素，过渡战略设计将取决于“那一国家的经济特征和开展阶级斗争的方式”，这一战略应指导进程前进的方式[②]。

正如我们看到的，尽管有这些不同，在拉美与加勒比的当前形势下，所有过渡进程有一个共同特征：我们正和平“过渡”。这意味着从原来的政权继承而来的条件开始，一点一点儿的，逐步转化，首先是接管政府。

5. 过渡的持续时间

对有些人而言，过渡进程将持续几十年。对萨米尔·阿明（Samir Amin）

① Vladimir I. Lenin, “The Immediate Tasks of the Soviet Government”*Collected Works*, vol. 27（Moscow: Progress Publishers, 1972）, PP.235-277.

② Harnecker, *Los conceptos elementales del materialismo histórico*, P.215; Etienne Balibar, “Sur la dialectique historique（Quelques remarques critiques a propos de Lire le capital）,” *in Cinq études sur le materialismo historique*（Paris: Maspero, 1974）, P.243.

等人而言，正如资本主义花费几个世纪巩固自身一样，过渡进程将需要数百年。也有一些人，譬如笔者自己，将它视为一个照亮道路、指导斗争但不会完全实现的乌托邦目标。这不是像有些人可能会认为的那样属于悲观主义。相反，一个界定良好的乌托邦目标有助于我们规划路线并强化斗争决心。让我们离地平线更近的每一步，或许步子很小，都是建设性的。

（五）一个充满挑战的进程

通过上文所述可以看出，向我们想要建设的新社会前进的转型进程，不只是一个历时很长的进程，也是一个充满挑战和困难的进程。没有什么能确保这将会是一个线性进程，总是会有倒退和失败的可能性。

1. 击退保守主义进攻

我们应始终牢记，右翼只在适宜其意志时才尊重游戏规则。迄今为止，世界上从未有一个地方的统治集团乐意放弃其特权。当他们认为一次撤退可能最符合自身利益时，他们同意从政治领域撤退。这样的事实不应蒙蔽我们。如果一个左翼政府推行右翼政策并将自己限制在克服危机的范围，统治集团会容忍甚至帮助左翼掌握政府权力。统治集团始终会通过合法或非法手段阻止的，是一个使他们的经济利益受到质疑的民主纲领和深度转型。对此，我们不应心存侥幸。

可以推断出，左翼必须准备好面对激烈的抵抗。统治集团将会开展反对活动并操纵夺回丢掉的权力。左翼必须能够捍卫业已通过民主方式取得的胜利。

2. 与人民权力冲突的选举事项

另一个虽略小但重要性丝毫不差的挑战，与左翼政府不得不服从的选举周期相关，在应对反对派的不断攻击以维持再合法化的同时，保持正在进行的变革进程的连续性。

在许多情况下，选举事项能与建设参与式民主的事项产生冲突。建设人民权力的进程，通常会被推迟或削弱以为竞选活动让路。竞选活动倾向于以一种优先解决人民的问题而非鼓励人民组织起来自己解决问题的民粹主义方式开展。

在这个意义上，我们首先要做的事情之一是避免使用资产阶级选举制度中推动候选人谋求选票时所使用的技巧。相反，应该聚焦能够帮助人民增强觉醒意识和组织能力的教育活动。

我们也不得不考虑候选人并不总是在平等的基础上竞争这一因素。那些能使用媒体或使用国家机器为竞选活动助力的人比其他人更有优势。

3. 政治危机与民主进程之间的矛盾

与此同时，解决最好是立即得到处理的政治危机与民主进程之间的矛盾引起的困境并不容易。在许多情况下，一些人希望延长讨论法律和新宪法的时间，这可能会有助于丰富民主讨论，但也可能使未来的民主进程处于危险境地。

这是委内瑞拉和厄瓜多尔制宪进程曾出现的情况。两个进程都尽可能寻求最多的公民参与讨论新宪法。人民对此反应热烈，以至于事先设定的时间显得过短。于是，出现推迟最后期限以促进更多公民参与的倡议。但这带来潜在的消极政治影响。两个案例都出于避免政治危机的考虑而决定牺牲民主进程。

在厄瓜多尔，第一个截止日期结果证明太短，因此决定延期，这是得到制宪大会规章允许的。但是，即使新的截止日期证明也不够充足。制宪大会主席阿尔韦托·阿科斯塔（Alberto Acosta）试图让社会主义政党主权祖国联盟领导人支持进一步延期。联盟政治局决定反对这一做法。阿科斯塔辞职。用来捍卫这一立场的观点是，如果讨论和对话进程继续拖延，最后的结果可能有潜在的风险，因为反对派正利用截止时间延期的事开展反对政府的运动，指责政府的真实动机是获取全面权力并废除议会。当选举制宪大会时，决定议会休会，直至新宪法在全民公投中为人民批准或否决。议员们被送回了家。这将确保议会不干涉制宪大会，同时不再解散它①。

笔者相信，最深刻体会政治危机与民主进程困境的是知识分子，这是笔者为何想回顾卡洛斯·马图斯（Carlos Matus）关于政治家与知识分子关系的论述，"对一些知识分子而言，困境是在不放弃行动的前提下将时间用于著书立说……对一些政治家而言，困境是在持续理论化的同时采取行动。这一困境导致知识分子与政治家彼此攻击，意味着他们都不能承认每个团体的能力和贡献。"②

这些都是我们在未来将要面对的实际。我们面临的最大挑战是如何创建替代制度。如何使建设性方面最大化、消极方面最小化，以积累我们继续沿着变革的道路前进并避免回到过去所需要的力量。

此外，前进的步伐缓慢，许多左翼因此而变得士气低落。他们当中的许多人将获取政府权力视为能快速解决人民最迫切需求的神奇子弹。当解决办法没有快速到来时，幻灭乘虚而入。

4. 限制性规则教育（Pedagogy of Limitations）的必要性

笔者相信，只要革命领导人需要借助国家去改变继承而来的力量平衡，当前进道路上遇到限制或阻力时，他们必须完成笔者称为"限制性规则教育"的教育任务。常常谈及困难只会打击人民的士气，使其丧失信心。相反，如果让人们了解情况，给他们解释清楚为何不能立即实现心心念念的目标，能帮助他们更好理解自身所处的历史进程，并节制他们时不时产生的在政治上不切实际的要求。知识分子也应该被广泛告知情况，以便他们能捍卫革命进程，在必要时也给予批评。

① Harnecker, with Fuentes, *Ecuador: Una nueva izquierda en busca de la vida en plenitud*, PP. 261-268.

② Carlos Matus, *El líder sin estado mayor*（La Paz: Fundación ALTADIR,1997）, P.27.

这一限制性规则教育必须同时伴有民众动员和创造性，避免来自人民的激进倡议被驯化，营造我们能接受关于政府内部可能出现的错误的没有根据的批评的氛围。不仅民众的压力应该得到包容，也应该明白有必要帮助那些在政府工作的人同前进道路上可能出现的错误和偏离作斗争。

五、在执掌政府时，取得进步

上文，笔者概述了 21 世纪社会主义所必备的特征。下面，我们将探讨一些为实现目标所能采取的具体措施（借助国家留给我们的资源）。这要求一个基本条件：树立坚强政治意志的革命领导干部运作继承而来的国家机器。

（一）迈向一种新的地区一体化

一旦掌控政府，在国际领域能做成许多事。受西蒙·玻利瓦尔（Simón Bolívar）关于团结拉美国家必要性思想的影响，特定拉美政府开始创建能使它们重申主权、减少对国际权力集团的依赖并摆脱华盛顿共识摆布的组织机构。美洲玻利瓦尔联盟、加勒比石油计划、南方电视台、南方电台、南方银行、南美洲国家联盟及其防务委员会、苏克雷（美洲玻利瓦尔联盟贸易结算体系）、拉美和加勒比国家共同体以及许多其他倡议的创建，意味着我们在这个方向上已经前进了相当远的距离。

（二）改变博弈规则

通过制宪进程制定新宪法，改变博弈规则，是拉美较为进步的政府的首要任务之一。

委内瑞拉、玻利维亚、厄瓜多尔等国的总统在上台后，都推动了制宪进程，最终，新宪法在全民公投中获得多数支持而获批准。委内瑞拉《玻利瓦尔宪法》1999 年 12 月获得通过，厄瓜多尔的新宪法 2008 年 9 月获得通过，

《玻利维亚宪法》2009年2月获得通过。洪都拉斯总统曼努埃尔·塞拉亚也想推动制宪进程，最终因塞拉亚政府为军事政变所推翻而中断。

创建首次承认原住民的多民族国家，是玻利维亚和厄瓜多尔宪法最为显著的要素之一。而在历史上原住民是被排除在外的。

尽管通过没有开展一个制宪进程的和平道路建设社会主义是不能的，但不能以一种唯意志论方式对待这一问题。只有当革命力量觉得他们能获得所需的选举支持以确保必要的变革获得批准时，推动这种类型的进程才有意义。如果最终结果是批准了将会成为变革的一种障碍的新制度框架，推动一个制宪进程毫无意义。

这恰好是智利人民团结联盟为何决定不召集一个制宪大会的原因，他们不确定能赢。但笔者一直想知道，如果我们最大限度地发动力量，一家一家地去推动，将会发生什么呢？当委内瑞拉反对派发起剥夺查韦斯权力的罢免公投时，调查表明反动派占上风，反对查韦斯的阵营赢得公投的风险实实在在存在。而查韦斯决定接受挑战，奋力发起打造足以确保自己取得胜利的力量联合。

这是笔者为什么问自己，将智利人中存在的对现行制度框架的普遍不满（我们国家的青年对此开展了成效显著的斗争），转换成对制宪大会的呼吁，使得没有政治家能反对这一倡议，这样的可能性有多大？如果通过发起一个关于此主题的自我意识提升运动（一户一户、一个教室一个教室、一个工作场所一个工作场所地进行）来激发上述不满，会怎样？

（三）征服曾是资本的“王国”的空间

利用继承而来的国家机器，开启一个恢复因在新自由主义时期实施的私有化而丧失的空间并创建在人民政府控制下的新空间的进程，也是可能的。

1. 委内瑞拉的进展

重新掌控委内瑞拉国家石油公司是委内瑞拉在这方面的最佳案例。尽管形式上掌握在国家手中（1975 年 8 月在卡洛斯·安德烈斯·佩雷斯治下进行了国有化），但它由有自己主意的新自由主义经理而非政府经营，而其主意与经济统治集团的利益一致。2002 年 12 月至 2003 年 2 月的石油工业的破坏活动，使得委内瑞拉政府开除了支持政变、反对国家的经理层，并用支持玻利瓦尔革命进程的新经理层替换他们。这意味着政府重新掌控该公司，并将盈余用于社会事业。

委内瑞拉政府也得以国有化或再国有化钢铁公司西多尔（SIDOR）等重要战略公司，以及水泥、塑料和电信公司，银鸥罐头食品（La Gaviota）、安第斯奶制品（Lácteos los Andes）等食品加工公司，糖厂、筒仓、咖啡厂、制冷储存公司，等等。

国家也接管了最大的私人银行之一、曾归属西班牙桑坦德银行集团（Grupo Santander）的委内瑞拉银行，后来接管了 Exito 连锁超市。

2010 年，开展了旨在建立食物主权的进一步征用。国有化的公司包括墨西哥格鲁玛集团（Mexican Group Gruma）控股的食品公司国家磨坊商业联盟（Sociedad Mercantil Molinos Nacionales）、生产铝罐和食品包装的国际包装和服务公司（Envases Internacional and Aventuy）、归西班牙所有的阿格罗伊斯列尼亚公司（Agroislena）及其 82 个经销店和 8 个筒仓（该国最大的农产品和设备公司）和全球食品、饮料、医药、化妆品、玻璃包装巨头欧文斯伊利诺斯（Owens–Illinois）的委内瑞拉分公司。

2. 玻利维亚的进展

玻利维亚在国有化方面也取得重大进展[①]。这是莫拉莱斯政府推行的新经济模式的一个关键组成部分，包括使碳氢化合物部门重回国家手中。2006 年

---

① Much of this information has been taken from Roger Burbach, Michael Fox, and Federico Fuentes, *Latin America's Turbulent Transitions: The Future of Twenty-First-Century Socialism*（London: Zed Books, 2013）,PP.78-97.

5月1日，政府颁布法令，对包括天然气这一该国主要财富来源在内的碳氢化合物部门进行国有化。法令完全改变了不同主体参与和从开采中获利的方式。根据一系列新合同，跨国公司不再占有财富的82%，占10%至18%之间。2011年这一年，玻利维亚政府从碳氢化合物部门获得的收入比莫拉莱斯当选前十年的都多。玻利维亚国有石油天然气总公司（YPFB）得到加强，以便在国有化进程中发挥领导作用；并成立玻利维亚油气工业化公司（Empresa Boliviana de Industrializaión de los Hidrocarburos）。

玻利维亚政府也采取工业化油气的步骤，其中包括建设两个天然气处理厂，一个2013年上线，另一个在2014年开始运行。

至于其他战略部门，矿业，瓦努尼的波索基尼矿床2006年国有化。但这一部门存在诸多困难，主要是新自由主义政策的结果，大矿被分割并交给小经营者，其中许多是合作社。与此同时，私营部门的矿工反对国有化。这解释了私营部门矿工与合作社矿工之间激化的矛盾。

2010年5月，莫拉莱斯政府对科拉尼（Corani）、瓜拉卡奇（Guaracachi）、美丽山谷（Valle Hermoso）和电力公司（Empresa de Luz y Fuerza Eléctrica）这四家电力公司进行了国有化。两年后征用了西班牙国家电网在输电公司中的份额，并征用了拉巴斯、奥鲁罗等地电力公司的份额。通过这些国有化操作，玻利维亚政府成为电力行业的关键角色。

电信行业也上演了同样的戏码。2007年5月1日，政府颁布法令国有化欧洲国际电信公司的分公司玻利维亚电信公司（Entel）。2008年至2012年的四年里，电信行业增长了326%。

3. 厄瓜多尔取得的进展

得益于不同社会和政治阵线对私有化的抵抗，厄瓜多尔的私有化倾向影响战略部门的程度不如玻利维亚和其他国家。但是厄瓜多尔继承而来的石油和电力领域的全国或市属公司，依然根据私人和私有化逻辑运作。科雷亚执政期间，总共有11个上市公司重组，10个新公司成立。厄瓜多尔和委内瑞拉还联合创建了采矿企业苏克雷元帅大国家矿业公司（Gran Nacional Minera Mariscal Sucre）。

厄瓜多尔经济学家马格达莱娜·莱昂（Magdalena León）认为，厄瓜多尔利用国家对战略部门的控制提升政府的经济主权观、能源独立观和财富再分配观[①]。这是为何有必要推动继承自新自由主义的法律框架的深度变革，因为这些框架保护跨国和私人利益对于战略资源的控制。

在石油部门，改革引致与私营公司的新合同，截至那时，这些私营公司因国际油价高起而收获了大量额外之财。2013年4月，国家掌控了暴利的100%，国有石油收入从8.38亿美元蹿升至16.39亿美元。政府也推动创建了一个新精炼厂，并改善了原有的埃斯梅拉达斯州立炼油厂，开始反转出口原油、进口石油加工衍生品的不合理的不利局面。

厄瓜多尔政府也尝试整合不同制度、规则和公共政策，以便以一种整体方式处理战略部门的问题，不只恢复国家掌控，也推动变革生产和能源模式，迈向后采掘经济。在此框架内，对战略部门的公共投资早已超过100亿美元。这包括对两个进度已延期的大型水电项目的资助，以助其尽快竣工。建成后，水电发电占比将从48%提升到94%（到2020年）。

电信服务也得到拓展并民主化。在2007年至2012年，互联网访问量翻了两番，能上网的学校数量从4个增加到1400个。

政府将通过掌控战略行业的企业获得的资源中的相当部分，用于满足这些国家人民的即时需求。

（四）改变生产关系

这些拉美政府能实施一种改变生产关系的连贯战略。但这些改变不会在

① The current and following paragraphs are based on personal comments sent to the author by Magdalena León, April 8, 2013.

一夜之间发生。它是一个需要时间的复杂进程。正如莱博维茨所说："它不是一个单纯的改变所有权的问题。这是建设新世界的最容易的部分。改变生产关系、社会关系以及态度和观念更为困难。"[①] 因而有必要设计连贯的战略，旨在将既有生产关系转换成作为21世纪社会主义标志的新型关系。采取的步骤以及实施的速度将取决于起点和既有的力量平衡。

为解释得更为清楚，笔者下面列了应该采取的一些步骤。首先是处理国有企业时应采取的步骤，其次是处理合作社时应采取的步骤，再次是处理资本主义企业时应采取的步骤。

1. 国有企业

毫无疑问，国有企业的转型最为容易，因为它们形式上为社会所有，旨在为社会利益服务。

这类企业，实现从形式上所有到实际占有可以通过：创建能让工人参与公司经营的工人委员会；组织满足公共需求的生产；设立账簿，确保财务完全透明，使工人发挥社会会计（Social Accounting）作用，并同浪费、腐败和官僚利益作斗争；选举赞同此认识并获得工人信任的经理层；在这些公司使用一种新类型的效率，随着生产率提升，工人获得的更多、发展更大（工作日包含工人教育时间，工人真正参与管理而非只是形式上参与）。

莱博维茨认为，奉行此类社会政策的特定公司可能最初不会盈利，因为这些政策可以被视为社会投资，整个社会应该找补它们的成本。

2. 合作社

必须鼓励合作社克服只关注组成合作社的团体的利益的狭隘性。如何实现这一点？一种方式是与社会的其他部分建立有机连接。

---

① Michael A. Lebowitz, "A Path to Socialism—Building Upon the Foundations Begun by Hugo Chávez" *Links*, March 2014.

为此，必须鼓励：建立合作社之间的连接，以便它们彼此以一种合作而非竞争方式相联系。在有些情况下，可能会直接整合它们的行动，不被商业活动分开；建立合作社与社区之间的联系，这是开始超越每个合作社私利并聚焦一般意义上的人民的利益和需求的最佳方式。

3. 资本主义企业

通过寻找不同方式使资本主义企业的经济活动从属于国家经济计划的利益，可能会推动其逐渐转型。莱博维茨将这称为“社会主义的受限制性”（Socialist Conditionality）。

这些措施包括：要求透明和公开账簿，以便社区和工人检查；使用一种强制资本主义企业将一部分盈余转交其他经济部门的价格和税收制度，以便其能成立新公司或改善社会服务；利用其与国有企业或享受补贴的合作社的竞争，迫使资本主义企业降低价格、减少利润；借助政府法令要求资本主义企业改变工作日安排，划出特定时间教育工人，要求资本主义企业在特定时间让工人参与经营决策。

资本主义企业可以迁到没有这些成本的国家或地区，为何要接受此类“不合理要求”？如果资本主义企业的所有者有着强烈的爱国意识，如果革命政府通过让他们易于获取国有银行的贷款、保证国有企业或政府以他们能接受的价格购买其产品等方式奖励资本主义企业对国家发展计划的合作，他们可能会愿意这样做。也就是说，政府能利用自身权力改变游戏规则，使得资本主义企业能够生存下去。

但是，如果革命政府的目标是向没有剥削者和被剥削者的社会前进，如果资本主义企业继续剥削工人，为何还要设计将资本主义企业纳入国家计划的战略？

原因非常简单，国家无法一夜之间经营所有资本主义企业。国家既没有所需的经济资源，也没有所需的管理经验。但我们必须不能忽视一个事实，即这种情况下的资本主义企业将持续致力于减轻“社会主义的受限制性”的包袱。与此同时，革命政府在工人和社区的合作下，将力图让这些资本主义企业具有越来越多的社会主义特征。因而将会有一个阶级斗争进程，其间，一些人会试图通过回到资本主义过去以恢复失去的阵地，其他人则会继续以人道主义、休戚与共的逻辑替代资本主义逻辑，以让所有人全面发展成为可能。

总之，我们必须努力确保生产资料所有权日益归属社会，同时确保允许存在小规模的私人所有。

（五）创建新国家机构

我们曾提及从继承而来的国家机器内部工作的必要性，但这并不意味着我们不应探索战胜它的新道路。

为最受忽视的部门提供帮助，在旧国家机器以外创建运行社会计划的机构，这正是委内瑞拉政府所做的。这是政府开展各种不同“社会使命”的目标。“深入街区使命”（Misión Barrio Adentro），在贫困的街区提供医疗保健；“奇迹使命”（Misión Milagro），针对视力障碍人士；“食品市场使命”（Misión Mercal），以低廉价格提供食物和生活必需品；各种层次（识字、初级、中级和高等教育）的“教育使命”；“文化使命”（Misión Cultura），向全国推广文化；“瓜依凯布洛使命”（Misión Guiacaipuro），面向原住民社区；“黑人希波吕忒使命”（Misión Negra Hipólita），为无家可归和极端贫困群体提供服务。在过去的几年中，政府推动了一些新使命。例如，“农业委内瑞拉伟大使命”（Gran Misión Agro Venezuela），为中小农业生产者提供必要生产资料；“住房委内瑞拉伟大使命”（Gran Misión Vivienda Venezuela），应对住房危机；“亲切的市长伟大使命”（Gran Misión En Amor Mayor），面向处于贫困境地的老年人；“委内瑞拉子女伟大使命”（Gran Misión Hijos e Hijas de Venezuela），帮助极端贫困家庭；“知识与工作伟大使命”（Gran Misión Saber y Trabajo），目标是在 2011 年至 2018 年新增 300 万就业岗位。

它们为什么必须要在继承而来的国家机器之外创设这些“使命”？“深入街区使命”能帮助我们理解原因。

卫生部的官僚机构不能回应生活在偏远地方或交通不便地区（例如加拉加斯山区的贫困地区）极端贫困群体的医疗保健需求。在继承而来的医疗体系工作的医生，不想去这些地方。他们对提供医疗服务不是真感兴趣，他们的目的是挣钱。另外，他们还未准备好提供那种真正需要的医疗服务，因为从本质上讲他们是作为专家而非全科医生受教育和培养的。随着为满足极端贫困群众的医疗保健需求而教育培养出新一代医生，政府决定开展“深入街区使命”，在山区和街区开设诊所，给最贫困的群体提供基本医疗保健。在这个过程中，委内瑞拉政府寻求古巴医生的合作和帮助。穷人热烈欢迎这些医生，反对派却批评这一举措，说古巴医生是为了夺走委内瑞拉医生和护士的工作岗位，他们还说古巴医生没有受过专业训练，并作出其他荒谬可笑的污蔑。该“使命”带来了积极结果，受到委内瑞拉人民的欢迎，以至于反对派在竞选活动中承诺将保持这一“使命”，并使它更为有效。

在厄瓜多尔，“曼努埃拉·埃斯佩霍使命”（MisiónManuela Espejo）面向残疾人，该“使命”被置于副总统莱宁·莫雷诺（Lenín Moreno）的监督下。该“使命”的大量工作为国际社会所认可，各国政府请求厄瓜多尔给自己如何开展类似计划提供建议。厄瓜多尔政府最近决定设立一个专门负责关注残疾人的秘书处。

（六）改变中央政府的管理

1. 巡回内阁：让政府离人民更近

科雷亚在第一个总统任期内决定打破决策暗箱操作的传统官僚模式，建立了巡回内阁（Gabinetes Itinerantes）[①]。每隔三周，在不同市或区举行会议，远离传统的权力中心，整个内阁以及全国和地方政府机构的代表、属于主权祖国联盟的地方议员与会。选取会议举办地时，小城镇优先于大城市。这是让政府亲近人民主张的一部分。

内阁会议开始于周五早晨，具体开始时间取决于开会地点有多远。会上，与会人员分析地区和全国问题。原则上，没有午餐时间或吃饭时间。有时会允许中场休息，以便政府官员们能到地方饭馆吃午饭，与社区人民直接沟通。部长、秘书和国家机构负责人工作一整天。每个人的发言都投放到大屏幕上和与会人员就座的桌前的小屏幕上。

周五晚，大约8点半左右，一旦内阁会议结束，会在地方体育场举办文化活动，以便人民有机会直接与总统及其政府团队交流。多数当地人通常会出席活动。总统简单说几句话，介绍其内阁，以便了解人民如何对待他的亲密同僚。随后，一些部长表演乐器。活动多数情况下于次日清晨在官员与当地人民共舞中结束。这一文化活动是“与人民交流的时刻”[②]。

周六早上8点半，科雷亚和他的政府团队准时接见地方市长。每个市长有3分钟时间提出要求。市长的名字、他代表的市政委员会、要求或想讨论的议题会在屏幕上播报。屏幕上的计时器提醒他们还剩多少时间。发言完毕，有与总统和部长讨论的时间。反对派的市长受到与政府支持者一样的待遇。所有协议均登记在电脑系统中。科雷亚向来不轻易许下任何无法兑现的诺言。

同一天，听取市长们的发言后，在科雷亚主持他的每周电视电台节目《每周连接》（Enlace Semanal）时，部长和政府机构首脑们在公立学校与地方民众开会。部长和秘书们被分成七个领域，成立由每个领域的统筹部长主持

① Marta Harnecker, “Ecuador: Los gabinetes itinerantes: una forma de acercar el gobierno al pueblo” *Rebelión*, December 1, 2010.

② Harnecker, with Fuentes, *Ecuador: Una nueva izquierda en busca de la vida en plenitud*,P. 277.

的工作组。所有公民均可选择参与一个工作组，提出问题或建议。部长们敞开接受关于如何改进其工作的批评。与不同部长达成的协议被登记在总统有权访问的电脑系统，以确保允诺得到兑现。如果有科雷亚坚决反对的任何事情，违背诺言是会损害政府信度的。

外交部部长里卡多·帕蒂尼奥（Ricardo Patiño）说，这些类型的活动非常重要，因为如果部长们只是待在他们的办公室做决策，他们将无法颁布人民真正需要的政策[①]。

2. 创建官员能承担责任的空间

科雷亚总统非常重视政府官员的公共责任，将其视为使自己的政府不同于先前的政府的标志。这也是他为何开办每周一次的电视电台节目的原因。《每周连接》节目在每周六上午 10 点开播，持续 2 到 3 小时。科雷亚经常在不同地方主持这一节目。

《每周连接》节目有三部分。在第一部分，科雷亚向听众报告该周的每天他都做了什么，并以一种教学的方式解释不同主题。同时，他批评政府机构存在的错误或不足。帕蒂尼奥认为这是为何“人民非常尊敬科雷亚，因为他们知道他不虚伪、不隐藏、不遮掩”[②]。他当场打电话，将引发公共关切的事告诉自己的部长。

节目的第二部分，处理该周出现的重要问题。科雷亚通常选 3 至 4 个涉及政治利益的问题，并评论国际事件。

节目的第三部分，批判性地分析反对派媒体发布的信息。这一被称为“自由表达属于每个人”的环节，持续 15 至 20 分钟。科雷亚将从反对派报纸或电视台选取一则新闻，概括分析其中包含的谎言。

① Ibid., P.280.

② Ibid., PP.282-283.

在有些情况下，总统会请一个或几个部长或官员到场，补充相应机构近期实施的一些政策的细节。平均而论，会有约200至1000人参加总统面向公众开放的广播节目，具体数量取决于举办地所处的位置和场地大小。

3. 开展来自政府的教育工作

我们的政府必须承担的另一个任务是，利用所支配的媒体平台教育人民并提升其意识水平。

上文提及了科雷亚的广播节目及其教育性内容。最早有通过媒体直接与人民交流想法的人是查韦斯。

查韦斯向来注重为人民提供意识形态教育。1999年5月23日，宣誓就任总统才三个月，查韦斯开设了周日广播节目《你好，总统》，作为直接与人民交流的一种方式，人民可以打电话提问或表达观点。不久后，该节目开始在全国的不同电视台播出。

该节目是每个周日花数小时接触人民的一个工具。节目风格简朴，适合大众口味，查韦斯会借助与人民日常生活息息相关的具体案例，耐心地向人民解释资本主义的弊端和社会主义的好处。在许多场合，查韦斯用图标或地图解释事情。总统不仅在其周日节目中，在他的日常演讲中，也发挥教育功能。人民政治意识的提升，在相当大程度上得益于总统的教育能力。

查韦斯也利用该节目倾听人民的呼声，他通过这个节目了解到许多政府机构向他隐瞒的事情。他总是要求来自节目举办地的群众发言。

4. 当人民要求时，改变方针

如果我们的政府是严肃认真建设21世纪社会主义的，应该也能做到的另一件事是，当人民要求时，改变方针。

2010年底，玻利维亚出现了这样的情况。莫拉莱斯撤回了取消对油气的补贴的政府决定，该决定导致油价飞涨（平均涨幅约83%）。

虽然该举措有理性的正当理由（政府的燃料补贴花费3.8亿美元的同时，

其中约 1.5 亿因走私而流向巴西、秘鲁、阿根廷、智利和巴拉圭等邻国），但是在没有事先磋商的情况下采取的。随后，发生了暴力抗议，也有进一步游行和罢工的传言。公众的反应迫使总统反思这一举措，并最终决定撤销该法令，这与总统本人“通过听从来治理”的态度一致。

“人民不是反对莫拉莱斯，他们动员起来对任何不经过磋商的治理企图说不，要求修正和承认”，伊莎贝尔·劳伯（Isabel Rauber）如是说。这一事件揭示了莫拉莱斯的大智慧和群众基础。莫拉莱斯通过撤销法令改变方针，重申“通过听从来治理”。“通过听从来治理”，严格来讲，既不是治理也不是服从的问题，而是共同治理、联合形成关键举措、分担决策和执行责任的问题①。

阿根廷的调查显示，公众的反应成为一种类型的“政治地震……能扭转政府内部日益明显的高高在上做决策而不考虑下层人民的倾向，改变采用相信治理是那些被认为‘知道并且是对的’人的任务、治理是为那些知道得多或足够‘坚强’的人准备的旧权力政治文化。”②

（七）改变国会并创设供全国讨论的论坛

政府不仅能创设更为适合新任务的新机构，也能在一定程度上改变部分继承而来的国家机器（例如，国会）。

1. 一种新立法形式：街头的社会议会制（Social Parliamentarianism of the Streets）

在委内瑞拉，他们试验了一种关于起草法律的新参与概念。他们称之为“街头的社会议会制”。

为实施这一倡议，有必要重新界定议员的作用，确保他们不认为自己的

---

① Isabel Rauber,“Los pies, la cabeza y el corazón de Evo Morales” *Rebelión*,January 3, 2011.

② Ibid.

工作仅限于国会，相反应该走出去直接与人民交流，号召选民讨论法律草案。佩德罗·萨索内（Pedro Sassone），国会的一位顾问，承认这并不容易，因为它要求与主流文化决裂[①]。在创建人民能聚在一起讨论法律草案并使其观点和建议得到考虑的空间方面作出了尝试，而非从社团主义的视角讨论法律（例如，给私营部门说经济法或与相关领域的专家讨论住房法）。

萨索内认为，这不应局限于讨论早已起草的法律，也应关注创建民众参与的空间，以便人民关于特定议题的建议能成为从头起草新法律的基础。鉴于此，萨索内讲了一个自己的亲身经历，在阿尔塔米拉广场，这里向来是反对派在加拉加斯的集会点，召集了讨论"犯罪"这一许多人感受最深的问题的会议。"我们与反对派会面，与反对派控制的查考市长办公室就举办关于犯罪问题的各种街头社会议会制会议达成一致。他们将自己有机会参加讨论作为前提条件，我们答应了。查考市长到我们的研究中心、我们到阿尔塔米拉讨论打击犯罪的全国性建议"[②]。

毫无疑问，如果此立法倡议实施得好，将意味着法律起草领域的一场真正革命。

也有必要推动实施委内瑞拉社会学家、社区委员会的主要推动者赫苏斯·罗哈斯（Jesús Rojas）所强烈赞同的一项主张，建立由民众发言人组成的地方议会。在未来，市政委员会将由社区委员会和其他人民权力机构（工人委员会、店主委员会、艺术家委员会、村镇等）选举产生的民众发言人组成。

在萨尔瓦多，这方面尚未取得大的进展，但来自法拉本多·马蒂民族解放阵线的议员推行了一项有趣的实践：他们定期在公共场所与选民会面，报告自己的行动，接受人民的建议。

① Personal comments sent to author.

② 此处提及的研究中心系萨索内主持的研究中心。

2. 全国直接民主网络

玻利维亚政治分析家路易斯·塔皮亚（Luis Tapia）有一个有趣的建议，与萨索内的观点异曲同工，能进一步提升人民的政治参与，深化民主。

塔皮亚认为，“参与政治生活首先具有很强的含义，在公共政治空间讨论事关大局的问题，从我们所归属的集体的角度讨论政府应该采取的立场，无论是在地方、地区还是全国层面……在这个意义上，在开始考虑代表的类型以前，我们的首要任务是考虑我们需要何种类型的参与空间。”①

历史上，玻利维亚出现过两种主要政治参与空间和形式：“一种是社群空间，也就是，实行特定类型自治的社区，许多情况下与玻利维亚政府产生冲突。另一种是市民社会，由通常反映职团利益的不同社会组织构成。”②

塔皮亚提出了一个有趣观点，“全国直接民主地方大会网络”③。这势必涉及“创建直接参与的政治空间，不只关于地方和市层面的问题，也关于全国和跨国层面的问题。”他认为，出生或选择居住在远离首都的地区的人们，不应被局限于仅讨论地方问题，他们应该参与讨论全国性问题。

这要求为实现讨论全国性问题的直接民主提供地方性空间。中央政府应在全国各地建立这样的空间，使得人民既能讨论地方性问题，也能讨论全国性问题。

塔皮亚认为，与街头社会议会制类似的另一补充性想法是“考虑使国会讨论议题……公开，以便议题一旦定拟，它也可成为每个大会的讨论目标，其建议反过来将有助于国会讨论和其他全国层级大会的讨论。”④

塔皮亚将其称为“全国民主地方大会”（National Democracy Local

---

① Tapia Mealla, “Gobierno multicultural y democracia directa nacional.” P.128.

② Ibid., P.129.

③ Ibid., PP.132-137, PP.180-182.

④ Ibid., P.134.

Assemblies)，它“将成为公民以一种常规方式行使参与治理国家的权利的空间。”

为将此想法变成现实，政府应形成一个讨论关于全国政治议题关键问题的计划，设置地方大会在政策实施以前参与讨论的时限。

塔皮亚认为，这一系列直接民主的民主空间应在多元文化国会和行政机构有直接代表：

> 该主张的一个关键特征是，这一全国和多元文化民主的大会网络，是政治分权的主要形式，公民在常规的基础上借助一系列能实现两个层级之间交流沟通和交换的机构参与地方关于全国性问题的讨论。在这个意义上，政治分权将要采取的主要形式是创建全国政治能在地方层面进行的政治空间。
>
> 大会的规模或许与城市里的街区规模或者市政委员会的任务（即使它不是个市级问题）相对应。在任何情况下，可能性应该留给人民自己，让他们决定这些政治空间的边界。
>
> 应避免这一层级的大会官僚化。有必要确保基本设施条件和存在一个核心团队，以保证这些大会每月举行，大会自己以轮流方式选举代表将自身的所有决定带给全国层面的机构，即直接带给玻利维亚国会。
>
> 这意味着避免地方层面的政治“职业化”。代表们能获得一些资金，但不是以工资的形式，只是纯粹解决其间发生的费用。例如，会议往返路费或到国会的路费等[①]。

① Ibid., P.181.

利用公共空间讨论在全球反新自由主义的运动中变得越来越普遍。例如，马德里的15M运动、智利的学生运动，利用公共空间讨论，并转换成民众自我教育的过程。

最后，在那些最坚定的人倾向于参加的观点和政策的集体建设制度外，我们也不应排除使用一些拉美国家早已存在的全国范围的民众磋商机制。我们必须清楚，这些磋商机制以个人行为为基础，缺乏集体讨论的丰富性，因此它们应该被视为补充工具，而非集体讨论的替代。

（八）推动自下而上建设一个新国家

上文我们提到，21世纪社会主义要求自下而上建设一个新国家，并明确，查韦斯强调将社区委员会作为社会自我管理的最小单位。认为自我管理的理想规模是一个小于市但大于社区委员会的地理空间，一个在某种程度上是经济自给自足的空间，原来由市承担的特定职责和服务可以转给其政府。这些转交的职责和服务除了其他的之外，包括电力设施保养、道路维护、征税、垃圾清理、教育和医疗设施保养。查韦斯称这一空间为市镇。

受查韦斯大量公共干预的启发，回顾市镇历史经验，笔者形成了关于此问题的一些想法，这些想法蕴含在《从社区委员会到市镇》（De los Consejos Comunales a Las Comunas）一书中。下面，笔者对其中一些想法进行总结。

1. 一个集合了数个社区的区域

市镇是一个拥有一些共享共同历史文化传统、问题、抱负、经济行业和使用同样服务的社区的有人居住的区域。这些社区有自给自足和自我管理的条件，愿意借助同一项目聚在一起。该项目通过一种参与式方式讨论形成，时常得到评估，并随着新出现的情况进行调整。

当界定一个市镇的辖区时，应该考虑这些标准，因为这不是通过提及居民数量就能简单实现的。在一些国家，当提及选区或市机构时，通常会涉及居民数量。也不能由特定社区领导人之间是否存在亲密关系或者特定社区之间是否存在良好关系等因素决定。更不用说通过人为的方式在没有任何磋商的情况下由一纸命令自上而下决定。

2. 以社会主义为目标的可持续经济

市镇应能提供生产发展所需的必要物质和精神条件，满足物质、社会和文化需求以及居民的其他任何集体要求。为此，必须向与一个以参与式方式制定的公共发展计划相结合的方向工作。

市镇应基本上实现自给自足，也就是说，应努力形成自己的储备，对外部资源的依赖越来越少。它应在自己的地域范围内开展生产活动或提供服务，为获得满足需求和覆盖成本所需要的资源的大部分提供资料。

每个市镇应在其社区的参与下，借助社区组织、合作社、具有社会主义属性的社会所有企业，努力建构一个生产、分配和消费系统，以物易物系统，产生许多指向以人民权力和监督生产为基础的新生产模式的原创性观点。

逻辑上，那些公社所有或公社—国家所有的生产或服务单元，将是市镇的结构坐标上的一个关键点。

至于农村地区的市镇，可以将参与种植特定水果和蔬菜的农业合作社与购买这些产品以及一个为公社所有的企业的工业化进程相结合。分配将在市镇内部或外部的具有社会主义属性的商店里进行。

应尝试在每个市镇建立为公社所有的企业，此类企业将雇佣当地居民，生产公共使用的商品和服务，涉及面包店、交通运输、管理供水和服务支付的企业、液化石油气缸灌注厂、加油站，等等。市镇应该在其初创阶段从资金上支持那些为当地提供就业岗位的计划，直至它们经费自足。

3. 一个公社政府

与此同时，我们有必要为朝向社会自治采取举措。市政委员会应逐渐将自身政府职责和公共事务管理的大部分移交给市镇，只保留那些更具一般性或复杂性特征的职责。

第一，一个来自市镇人民权力大会的公社议会。

在每个市镇，应创建一个公社议会或公社立法权机构。它将是那些生活在该市镇我们称为“社员”（Communeros）的人民的决策机构。此议会将由来自市镇辖区内并有意愿参与市镇建设的社区委员会、工人委员会、专项委员会或利益集团的发言人组成。它是市镇的人民权力大会。

为方便这些发言人工作，笔者主张为公社议会建立一个法律咨询团队，可以实现社区人民权力委员会、工人权力委员会和专项委员会或利益团体这三个平等机构的结合。

每一个人民权力委员会将围绕各自特定议题单独工作，共同参加一个更大的人民权力大会，讨论共同问题，在需要之处合作。

市镇人民权力大会将是其辖区内最高决策机构。

第二，人民权力大会创建相应政府机构。

市镇应该能够组织开展一系列活动：地方税收、道路清洁、电力、水、地方道路、公共场所维护。迄今为止，这些活动由市政委员会组织开展。市镇组织开展上述活动要求有承担这些职责的机构。

在未来，市镇人民权力大会应该成为市镇政府，为自己设立必要的组织机构，承担因移交而来的职责所产生的任务。

市镇人民权力大会也应负责选举产生占据其余四个为玻利维亚宪法所认可的国家机构（行政、司法、道德和选举机构）职位的人。这些公仆应该报告自己的活动，在被认为与所授的权力不相称的情况下被罢免。

第三，公社计划委员会。

市镇应有一个公社计划委员会。它在每个任期初，推动制定市镇的多年战略发展规划和年度计划的参与式计划进程。这些计划应该与全国发展规划和其他地方计划相配，同时通过自身的建议和项目为其提供助益。

4. 公社银行

市镇应该也有自己的金融实体或公社银行，存储它管理的资金。也可以有其他金融机构，譬如农村银行、存贷款合作社和存款银行等。

中央政府应设立一个基金，以帮助在平等和团结原则基础上建设市镇。那些需求最多和历史上受到国家帮助最少的市镇应获得更多资助。

成立公社银行时，属于同一个市镇的公社委员会可以将它们的资金汇聚在同一个项目，每个委员会承担项目的资金份额。或者，一个早已成立的公社银行可以被选出来接收来自愿意支持市镇的一个项目的国家机构的资金。公社委员会与同一市镇的其他公社委员会分享其资源，是向社会自治方向前进的主观条件是否具备的一个好指标。

5. 社会对政府的监督

应存在对政府履行职责情况的有效社会监督，公民能通过不同手段和机制毫无保留地评价其服务的质量，有权开除那些表现受到相当数量地方居民质疑的官员。

6. 市镇不能自上而下命令产生

何时何地创建一个市镇，不是由州长或市长未经任何先期调研就能决定的。不是一个比较哪个地区有多少市镇的问题。市镇不应只是为了满足高层的意愿或获得国家资源而通过一种人为的方式建立。在这些地区创建必要主观条件的进程不能强制推进。州长和市长应该是这一进程的促进者，不应越俎代庖，替人民做他们应该做的事。他们应该在创建市镇过程中、市镇处理和分配资金以及其他可能需要帮助的领域提供技术援助。

7. 试验管理国家机器的不同方式

市镇的经验应该能提供一个试验管理国家机器的不同方式的机会，使之为人民服务。在市镇内部，国家机构应该以一种和谐方式工作，以满足市镇的需要为目标。这要求，一方面，共同工作；另一方面，会见社区发言人以确保其在公共规划框架内工作。

国家机构的行为应受某种社会监督，如果一个公职人员被发现不能胜任其职责范围内的任务，每个地方和全国机构应开除此类公职人员。

建设市镇的进程意味着，为一个不再高高在人民之上而是由将命运掌握在自己手中的组织起来的人民组成的新国家打下根基。

8. 过渡时期两种类型的国家共存

正如莱博维茨所写的，必须认识到，在过渡时期，两种国家将长期共存。革命干部接管继承而来的旧国家机器的管理职责，试图借助它来推动变革；新国家通过在包括社区委员会在内的各种机构践行人民权力而自下而上出现①。

9. 互补性关系

过渡进程的独特性在于，继承而来的国家机器促进将替代自身的国家出现，因而应该发展一种互补性关系，而非一种国家否定另一种国家的关系。当然，理论假说是，组织起来的运动必须监督和施加压力于继承而来的国家机器，以确保其前进。这因为它受困于巨大的惯性，另外，占据领导位置的干部并不总是富有真正的革命精神，因而容易滑入与过去的官员一样的行为模式。

10. 继承而来的文化

自下快速成长起来的人民权力的种子可能会被继承而来的文化毒害，因而可能异化成官僚主义或其他，这一点不能忽略。正如葛兰西所说，查韦斯总统也反复强调，垂死挣扎的旧国家与喷薄欲出的新国家之间存在斗争。

11. 地方视角和全球视角

自下而上出现的国家的特征之一是，它倾向于对现实持一种“地方视角”，看见了树木而不是森林，存在一种地方职团主义精神（Esprit de Corps），

① Lebowitz, *The Socialist Alternative*, P.152.

如同工团主义一样，倾向于关注向企业提出经济要求，丢掉了将工人阶级作为一个整体的立场。

但是，继承而来的国家机器因其全国属性，不可避免地倾向于从“全球视角”看问题。它应该有一个关于全国总体发展的规划，应有尽可能多的人民参与设计该规划。该规划应该是一个为实现我们想要建设的社会而推动经济、政治、教育和文化转型的规划。在这个社会，所有人全面发展将成为可能，将与最贫困的地区休戚与共，实现全国发展平衡。

（九）使武装力量支持人民

改变军队是我们的政府面临的最重要任务之一。一个曾是资产阶级国家镇压、惩戒机器的一部分、深受资产阶级意识形态影响、高级指挥官在美国学校接受培训并被灌输其国家安全信条的政治实体，是否可能转变成服务人民的机构，并不断支持人民？

拉美过去几十年的历史经历让我们觉得，这可能发生。查韦斯当选后的几年，武装力量在捍卫委内瑞拉人民作出的民主决策方面发挥了重要作用。2002 年 4 月，一些不直接领导军队的高级将领，令人遗憾地扮演了大商业资本马前卒的角色，试图发动军事政变推翻查韦斯。正是军队击碎了军事政变，确保了查韦斯继续执政[①]。

转变军队不是一项容易的任务，因为军队在绝大多数国家是服务既有秩序的镇压机构。我们讨论的是什么秩序？是使得资本自我增值并在宪法中得到确认的秩序。每当民众运动通过不同斗争形式威胁资本主义制度的再生产，每当其利益哪怕受到些许影响或者有人力图减少统治集团的特权，武装力量都会被召来维持秩序，也就是维护资本主义秩序，保卫继承而来的制度体系。在玻利维亚“武装部队曾经并在某种程度上依然将其士兵集中在反叛

① Marta Harnecker, *Militares junto al pueblo*（Caracas: Vadell Hermanos,2003）.

地区阿尔蒂普拉诺高原和查帕雷的矿藏周围，也就是反叛区的城市和乡村。他们的逻辑是社会遏制。”[①]

当下，越来越多拉美左翼政府认识到改变资本主义秩序、创设可以使建设新社会变得更为容易的框架的新制度规则的重要性。因此，他们组织了或正在组织制宪大会，以起草将设置组织社会的新方式并建立服务人口中的大多数而非精英的社会秩序的新宪法。这些宪法将确保这些国家曾经割让给跨国公司的自然财富回到国家手中，确保建设独立主权国家。军队通过捍卫这一新秩序，从而维护祖国和绝大多数人民的利益，而非精英的利益。

那是委内瑞拉发生的故事。新当选的政府的第一个动作就是组织一个制宪进程，以改变继承而来的游戏规则，通过创建一系列更适合人民期望的制度来重新发现国家。制宪大会制定了新宪法。新宪法成为革命进程的重要后盾，因为如果不捍卫查韦斯政府正推进的变革，捍卫宪法便无从谈起。正是该宪法使得大多数高级将领在人民的压力下起而反对那些发动政变的将领，并决定不遵从上级的命令。许多年轻军官和士兵利用这部宪法组织来自下面的抵抗，迫使其指挥官反对政变。

我们的政府如何开始将武装力量转变成一个自愿始终如一地捍卫和维护新秩序的机构的进程？

我们的政府已经采取了多种举措。让我们来探讨其中一些举措。

1. 给军队以开展帮助最贫困者的社会项目的责任

一种重要的方式是给武装力量分配社会项目，以便其利用自身劳动力、技术知识和组织能力去帮助最贫困的社会部门。最为显著的案例是查韦斯开启总统任职伊始就在委内瑞拉推行的“玻利瓦尔计划 2000”。它是一个旨在改善民众生活水平的项目。军队打扫街道和学校，打扫街区，抗击传染病，

① Interview with Álvaro García Linera, May 2010.

并帮助恢复城镇和农村的社会基础设施。委内瑞拉士兵以极大热情接受了这项任务。直接接触人口中最贫困的那部分正面临的社会问题，帮助参与该项目的年轻军官提高了自觉性和社会奉献精神。这些青年军官当下成为革命进程最为激进的部分。

在玻利维亚，军队被给予为最贫困的部门提供经济援助的工作。例如，帮助低收入家庭孩子入学的胡安西托·平托奖金（Juancito Pinto Bonus），帮助单亲妈妈的胡安娜·阿祖迪奖金（Juana Azurduy Bonus）。

2. 根据宪法精神提供学校和课程

高级军官及其下属拥有与我们想建设的新社会一致的世界观非常重要。

有意思的是，查韦斯这一代的绝大多数军官没有在美国的学校接受教育，而是在委内瑞拉军事学院（Venezuelan Military Academy）接受教育。该学院 1971 年推动了影响深远的变革，即众所周知的安德烈斯·贝略计划（Andrés Bello Plan），将学院升格为与大学相当的层次。军官学员开始学习政治科学，以了解民主理论家和分析家关于委内瑞拉形势的著述。至于军事战略，他们学习克劳斯威茨（Clausewitz）、亚洲战略家和毛泽东。许多士兵在大学专攻特定学科，与其他大学的学生交流。

3. 给军队以开展大型基建项目的责任

只要帝国主义力量妄图统治世界并强加其观念于他人，我们的军队和人民就必须准备好捍卫我们的国家主权，尽管他们拼命地想生活在和平之中。

有必要重温一下，古巴革命一开始想将兵营转换成学校，但为预防美国干涉，不得不改变计划，斥巨资于加强军队。面对一个不讲理的敌人，没有选择，只能将做好战争准备作为避免战争的最好方式。

但是，像我们的国家这样有如此多发展需求的国家，我们的军队仅为战争受训并坐等入侵，这没有任何意义。一部分士兵可以用于战略性经济任务。

武装力量感觉他们自己不只是秩序和国家安全的捍卫者，也是新社会的建设者，这很重要。他们掌握的捍卫祖国的知识，其中许多可以用来修复那些因缺乏维护而年久失修的基础设施（医院和学校），或者合作管理新战略企业，或者从事诸如提高整个国家的通信等工作。

通过在运用军人参与经济任务方面，古巴取得了良好效果。整体而言，由军队经营的企业比其他国有企业表现要好。

4. 民主化获取高级军衔的进程，改变推选标准

所有妨碍获取最高军衔的歧视得到清除，也很重要。在委内瑞拉，这很容易，因为不像多数其他国家那样存在军队特权阶层。大多数高级军官来自城市和农村的低收入家庭，他们通过亲身经历知晓委内瑞拉人民日常生活中面对的困难。

在玻利维亚，像多数其他国家那样，在美国接受培训的军官通常有更多晋升机会，但是现在的操作方式正相反，谁表现出最大的民族主义情感，最忠诚于制度，最支持社会和生产任务，谁最有机会得到晋升。

5. 将人民纳入国防工作

我们的祖国必须准备好反对外来干涉。显然，因为数量和科技方面的不平衡，我们的军队将不足以抵抗帝国主义侵略，除非我们的人民与军人一道承担保卫国家主权的任务。正如玻利维亚副总统阿尔瓦罗·加西亚·利内拉所说，面对可能的侵略，生存或抵抗的唯一选择是，是否有"军队与社会结构之间的强力连接。在玻利维亚，他们正重新发掘来自被称为'小共和国'（Las Republiquetas）的斗争传统。这些共和国在独立战争中奋起抗击西班牙。在这些共和国，军队融入地方社区结构。那是他们为何能在15年的独立战争中巍然屹立并得到发展，进而建设玻利维亚的原因。这是军人用以创建玻

利维亚军队信条的逻辑。”[①]

古巴距美国只有90海里。为了捍卫古巴主权，训练民兵，使之与常备军在面对外部威胁时肩并肩捍卫祖国，具有根本作用。在委内瑞拉，这方面也正取得进展。

历史表明，面对我们的人民在军队中激发的高涨精神面貌，没有帝国主义能取得胜利。

此外，组建南美洲国家联盟防务委员会的决定，是从次大陆的高度捍卫我们的主权的另一个重要进展。

6. 恢复爱国主义标志和传统

通过修改国家标志以更好地与每个国家的实际特征相匹配来恢复传统和价值，是我们的政府所做的另一番努力。最近的一个例子是，多民族国家玻利维亚的武装力量，决定使用原住民艾马拉（Whipala）标志作为军旗之一[②]。

7. 在此前被忽视的地区建设领土主权

我们大陆的一些国家尚未实现对其领土的完全主权。例如，玻利维亚就是如此。直到不久以前，玻利维亚尚有30%的国土没有实现控制。在东部的狭长地带，从贝尼到圣克鲁兹，权力掌握在地主、毒贩、木材走私者、原材料和矿藏非法经销商手中。那里没有政府，毒贩的打手或地主的打手是最强的统治者。玻利维亚副总统说，“现在我们正史无前例地收回这些国土的掌控权。截至2000年，国家对该地区的影响成倍增加”，“此前总统对潘多的视察是一年一度，现在每周都有部长到访。我们成功坚持了政府在所有领土的存在。现在，有军队驻防，带来了资源、医疗健康和教育。”[③]

---

① Ibid.

② 译者注：有人译为“七色旗”。

③ Ibid.

（十）尊重自然的发展模式

奉行不是基于随意开采自然资源而是寻求逐渐恢复人与自然之间必要的和谐物质变换的经济发展模式，是我们的政府面对的又一重要任务。

拉美进步政府之间存在一个共识，即发达国家在 20 世纪下半叶的经济增长率，不能被其他国家维持或效仿。这将“对地球的自然环境和人种造成不可逆转的灾难性影响。”[①] 没有人怀疑，如果人类想要有未来，终结这种局面变得越来越迫切。我们都知道，解决方法不会来自发达国家，它们同时也是污染最严重的国家。2012 年的里约热内卢峰会对此作出了进一步证明。

这是为何拉美地区较为进步的政府应该以身作则，不只是因为这是个原则性问题（如果我们不尊重自然，将不会有社会主义），也出于人类存续需要。

委内瑞拉、玻利维亚和厄瓜多尔应执行各自宪法，尊重环境。三国通过的新宪法强调了环保问题。事实上，《厄瓜多尔宪法》是世界上首部承认自然的权利的宪法[②]。

这不是一项简单任务。这些国家面临的最大困境是，如何在让自己的人民摆脱贫困、满足其基本需求的同时，尊重自然。像有些人主张的某种类型的零增长，避免使用污染能源以减少对环境的破坏，这意味着维护既有的富国与穷国之间（也即，早已达到了高生活水准的发达社会与大多数要达到同等条件还有很长路要走的人群之间）的不平等。在自己的要求早已得到满足的情况下，要求别人停止增长，要容易得多。

---

① Eric Hobsbawm, *La historia del siglo XX*（1914-1991）,（Barcelona: Crítica,1995）, P.561.

② 《厄瓜多尔宪法》第 71 条规定，生产并孕育生命的大自然或大地妈妈（Pachamama），有权存在、存续以及维护和更新其生命周期、结构、功能和进化进程。所有个体、人民、社区或民族均可以要求公权部门承认自然的权利。解释和行使这些权利，应遵守宪法规定的相关原则。国家将推动自然人、法人和集体保护自然，推动尊重所有组成生态系统的要素。

1. 将自然资源从一种诅咒转化成一种祝福

我们必须面对探索一种能让我们实现美好生活的战略的挑战。正如诺贝尔奖获得者约瑟夫·施蒂格利茨（Joseph Stiglitz）建议的那样，利用不可再生资源方面的优势，将其转化为“一种祝福”，但不过分依赖。只有这种方式能让我们摆脱贫困和不发达陷阱[①]。

正如科雷亚总统所指出的，利用采掘主义（Extractivism）克服采掘主义是我们面对的巨大挑战。就个人而言，笔者觉得“激进主义”的词汇像西班牙语中的许多“isms”一样，有消极含义，因而笔者建议使用“利用资源开采克服采掘主义的必要性”的说法。

我们的政府因而必须在朝向确保国家越来越少依赖采掘主义实现发展的方向前进。

困境不在开采和不开采之间，而在于以保持人与自然之间良性物质变换的速度开采。这不是短时间能实现的。

厄瓜多尔国防部长、环保活动家玛丽亚·费尔南达·埃斯皮诺萨（María Fernanda Espinosa）说：“厄瓜多尔政府正努力从采掘经济向以服务为基础的经济过渡。”她还说，“这不能通过法令实现，也就是说，输油管道不能在短期内关闭……问题因而是：我们如何在可能的情况下，推动从高度依赖石油的采掘经济向后石油经济过渡？我们如何通过一种有组织、有计划的负责的方式做到这一点？”[②]

即使向来严厉批评采掘主义的厄瓜多尔经济学家阿尔韦托·阿科斯塔也明确指出，鉴于这将势必造成对环境的毁灭性破坏，没有人能对“关闭正在

① Marta Harnecker, Tiempos políticos y procesos democráticos: Entrevista con Alberto Acosta.*Rebelión*, September 21, 2010.

② Harnecker, with Fuentes, *Ecuador*: Una nueva izquierda en busca de la vida en plenitud, P. 334.

开采的油田，但我们必须严肃讨论持续开拓新油田是否有用”有意见[①]。

2. 朝向生态可持续社会的道路

美国经济学家、环保主义者赫尔曼·E·戴利（Herman E. Daly）设立了生态可持续社会应实施的三个基本标准：“1）不以超过其更新的速度开采可再生资源；2）不以超过其被可再生资源替代的速度开采不可再生资源；3）不以超过生态系统吸收能力的数量或成分排放废料进空气、水和土地。”[②]我们应该加上第四个标准：尊重不同生态系统的生物多样性。

这样要求不是要对发展说不。相反，是要“构想和实现真正的人类发展模式”，或者几个作者所说的“可持续发展”或“生态可持续社会”，即“以平等方式满足居民生活必需品需要，同时不将满足下一代的生活必需品需要置于危险境地”的社会，一个由组织起来的人民决定生产什么和如何生产的社会[③]。

3. 正采取的措施

创建一个这样的社会是我们的政府应该努力的方向，这方面已经采取了重要措施，即使在许多情况下有些举措现在还处于讨论的层面。至少表明了朝这个方向前进的意图。

此问题在新宪法中得到大量关注的事实，是非常重要的一步。在所有案例中，国家被赋予保护环境的责任。

为此，有必要在一个特定时限内从一个初级产品出口型经济向以服务和知识为基础的经济过渡。厄瓜多尔政府已开始这样做。

秘鲁学者和政治家曼努埃尔·拉霍（Manuel Lajo）认为，厄瓜多尔政府“付出巨大努力推动建设一系列科学和科技调研中心，公共的和私人的、全国性的

① Harnecker, “Tiempos políticos y procesos democráticos.”

② Quoted in Enric Tello, “Economía y ecología en el camino hacia ciudades sostenibles” in *Papeles de la FIM Nº8.*（*Alternativas al desarrollo*），（Madrid:FIM, 1997），P.136.

③ Tello, “Economía y ecología en el camino hacia ciudades sostenibles,” P.135.

和国际性的都有”，旨在确认那些经济部门可以通过大量使用科学知识和科技创新为国内市场或出口进行生产，并帮助实现这一生产模式的亟须改变[①]。

科雷亚总统比其他拉美国家的总统更为强调教育必须在培训下一代公民有能力建设未来社会过程中发挥的作用。

此处没有更多空间详细说明厄瓜多尔政府在教育领域的具体做法。相反，笔者将简单地提及政府的一项关键项目——知识之城，国家高等教育、科学、技术和创新秘书处顾问丹尼尔·苏亚雷斯（Daniel Suárez），将其描绘为“作为创建以知识为根基的新厄瓜多尔的一部分而正在执行的关键项目”[②]。

亚查伊大学将成为城市的中心以及厄瓜多尔与拉美的第一个高等研究公共学术中心。它将专注于提供科学和技术课程，以解决社会需求，培训富有创造性和革新精神的专业人士。也会有 11 个在各自领域将成为地区和大陆领头羊的公共研究机构，将其研究致力于满足社会基本需求。研究领域中，将有增加生产和用于国内消费及出口的安全产品生产的科技的发展，有不可再生资源工业化的科技的发展（石油化工和冶金），对于低能耗住房替代材料的研究，对于追求有效、低能和环境友好型交通适应性技术的研究，对于通过回收利用、垃圾处理、污染现场的清除等方式保护环境的研究，明确那些我认为将成为新研究关注点最具说明性的内容。

我们的政府能采取的另一个步骤是开启恢复被破坏的退化了的生态系统的进程。例如，厄瓜多尔将通过政府对境内石油开采的更大控制而获得的资源中的一部分用于水处理，使特别是最贫困地区的数万家庭受益。

他们也斥巨资于水电和风电，通过降低对石油及其衍生品的依赖转变动力源。

---

① Personal comments sent to author.

② Ibid.

他们也通过推动预防和监督举措来减缓石油开采对环境的消极影响，以便其不再像 20 世纪 70 年代那样高污染。当时，德士古公司（Texaco）在该国作业。为此，政府将其获自石油开采的收益投资高科技。

在针对可能导致特定物种灭绝的活动、破坏生态系统或自然循环的永久变更等所采取的各种预防和限制措施中，厄瓜多尔政府采取措施恢复和保护红树林地区，将其管理权交到地方社区手中。

这方面最重要的倡议是政府减少石油开采的努力。2007 年，科雷亚向世界提出了有趣而富有挑战性的亚苏尼 –ITT 倡议[①]。作为此倡议的一部分，厄瓜多尔将承诺不开采其石油储备的约 20%，位于亚苏尼国家森林公园的三块油田，换取国际社会给该项目捐赠 36 亿美元，36 亿美元大致相当于厄瓜多尔开采这些油田获得的收入的一半。科雷亚强调，如果国际社会不愿意支持亚苏尼 –ITT 倡议，厄瓜多尔将不得不开采那些油田。

4. 民众对环境保护的参与

鉴于挑战巨大同时诱惑很多，笔者认为，厄瓜多尔、玻利维亚的宪法提出了一些关于民众参与应在环境保护中发挥的作用的非常有趣的观点。《厄瓜多尔宪法》指出，“国家保障人民、社区、受影响的民族和人民长期积极参与规划、执行和监督所有产生环境影响的活动”。

《玻利维亚宪法》第 135 条有类似主张，还增加了有组织的人民应该并且能借助宪法称之为“民众诉讼”（Popular Action）的手段对包括环境权利在内的一系列权利的任何侵犯或威胁作出反应的内容。

此外，《玻利维亚宪法》（第 187—190 条）允许建立专门负责农业环境问题的特别法庭。特别法庭在 2011 年 10 月举行的整个司法系统史无前例的选举中由人民选举产生。

---

① ITT 指位于亚苏尼公园中的伊什平戈、坦博科哈和蒂普蒂尼三大油田，石油储量达 8.46 亿桶。

2010年12月21日，还是在玻利维亚，关于地球母亲权利的新法第71号法律诞生，旨在承认自然的权利，规定多民族国家和社会在保障自然权利方面的义务和责任。

鉴于上文所述，笔者认为前述政府设置的目标清晰地为我们展现了一条前进道路，即使宪法中可能存在一些自相矛盾之处。我们应该承认，理论话语与这些政府正采取的实际举措之间依然存在一个巨大落差。但笔者毫不犹豫地相信，继续推进以人与自然和谐为基础的美好生活目标的政治意愿将会继续存在，人与自然和谐也是我们要建设的作为资本主义替代的社会主义社会的特征之一。

同样清楚的是，通过使用采掘资源解决贫困，我们也正在创造更好的环境条件，因为在许多情况下，贫困是环境退化的一个罪魁祸首。非法伐木以煮饭或取暖，是最好的例证之一。

（十一）促进分权和参与的地区计划：喀拉拉邦的案例

一些拉美国家实行了各种各样的参与式预算，但据笔者所知，没有一种能像印度喀拉拉邦实行的大型参与式计划那样，向世界证明一个左翼政府能在这一方向迈出重要一步[①]。利用1993年宪法的法律支持（规定地方实体分区、街区和农村三个层次），1996年当选的共产党政府在民主参与方面开启了一场耀眼而激进的试验，即众所周知的人民分权计划运动（the People's Campaign for Decentralized Planning）。该项目使各级政府扮演的角色发生根本性变化，以及一些人称之为“地方自治政府”的出现。

1. 分散所有能分散的权力

将自身从全国计划中获得的资金的35%至40%转移到地方实体发起的

① Thomas Isaac and Richard Franke, *Local Democracy and Development: The Kerala People's Campaign for Decentralized Planning*（Boulder, CO:Rowman and Littlefield, 2002）.

项目和计划中，是新成立的喀拉拉邦政府的首批决策之一。在这种情况下，喀拉拉邦政府推动发民众参与，人民变得对参与有兴趣，因为他们看到自己有权就具体和重要问题作决策。

在人民分权计划运动中，他们奉行了“权力下放原则”（Subsidiarity）。即任何低层次实体可以做的应该在该层次完成，只有那些需要高级政府介入的任务才向上移交。

鉴于反对派的支持率接近 40%，喀拉拉邦政府为避免出现反对派可能拒绝该进程的局面，邀请反对派代表参与高层委员会和地方委员会。当创建一个拥有可以调查地方政府在履职时可能牵涉的任何腐败这一重大权力的委员会时，征询了反对派的意见。

2. 社区大会：计划的群众基础

参与式计划涉及在喀拉拉邦选区层次实现社区大会（Grama Sabhas），包含大约 1500 至 2000 个达到法定投票年龄的人，以便确认人民最为迫切的需要和面临的问题以及地方存在的人文和物质资源。一旦问题和资源得到分析，会形成建议。不是简单地停留在指出问题的水平，笔者认为这很重要。

作为创建地方计划群众基础和确保计划制定和执行过程透明一个核心组成部分的社区大会，其有效运作非常重要。

每一个大会从人民中选举 20 名，在农村或城镇层面代表自己，创建众所周知的委员会。

参与式计划进程涉及 1000 多个实体。

3. 参与式计划进程的步骤

起点是明确人民最迫切的需要。这通过召开社区大会并努力保障当地居民特别是妇女和最边缘化的群体最大程度地参与实现。为方便大家参与，大会在非工作日召开。

下一步，采取步骤确认问题以及地方存在的人文和物质资源。在探讨中形成建议，笔者称之为项目想法。

一旦需求和可获取的资源得到确认，大会开始发展项目。为将此步骤落在实处，每个地方实体为每个项目创建工作组，工作组由当选的代表、官员、专家和活动家组成。

在一系列项目的基础上，代表们选择那些应该囊括在计划中的建议。在低层次实体准备其计划的同时，高层次实体开始将来自下面的建议整合进自己的计划，从专业角度对其进行评估，但不质疑市镇或乡村的优先项设置。

在区一级，官员和专家团队在区计划委员会对其进行审批前，开展对不同计划和项目技术和金融方面的评估。

这六步通常需要一年才能完成，涉及300万名公民，数万名官员和专家，大量群众组织和其他公民社会代表，约10万名志愿者受训为该运动提供组织支持。

4. 腐败减轻了对所采取措施的感激之情

在反对派反对分散资源给地方权力的众多观点中，涉及一个腐败领域，即鉴于高层政府的腐败，分散资源只是将腐败转到地方。情况恰恰相反，腐败不仅没有增加，反而减少了。但这不是同步实现的。采取了一系列处理这一顽疾的有效举措。透明度被引入法律。所有关于该计划的文件，包括受益人的选择、账目和发票均被认为是公共文件，对所有人开放，任何公民都有权查阅。

每当开展一个公共项目，会建一个所有人都能看到的大告示牌或告示墙，项目所有信息用当地语言书写在上面。如果没有采取这一措施，会受到惩罚。承包商、工程师和政客之间臭名昭著的联盟在许多地方被明确打破。

对社区大会的社会审计定期进行，对于反腐帮助巨大。

在与反对派领导人协商后，成立了一个由七名成员组成的委员会，该委员会被赋予调查地方当局在行使其职责时可能牵涉其中的营私舞弊情况的巨大权力。

设立由普通公民组成的监督委员会，监督选举、项目执行和评估。

六、评判取得多少进展的指南

目前为止，笔者尝试分析我们的次大陆上进行的社会主义建设进程的特征。笔者指出如何利用政府权力取得进展，为评断我们的政府，看它们努力的方向比看它们推进的速度更重要。现在，笔者愿意提出可以让我们对那些明确将开始建设 21 世纪社会主义作为目标的政府取得的进展作出客观评判的标准。

对待新自由主义和资本主义的总体态度。政府对新自由主义和资本主义的总体态度如何？是否揭露资本的逻辑，是否从意识形态方面进行批判，是否借助国家去削弱它？

对待分配不公的态度。我们的政府是否推动减少贫富差距，是否让贫困群体有更多机会享受教育、医疗健康服务和住房？它们是否采取措施确保贫困与富裕地区之间的财富分配更为公平？

对待我们的政府继承的机构的态度。在知道继承而来的新自由主义国家机器在建设一个不同类型社会的道路上设置巨大障碍时，它们是否召集制宪进程以改变制度规则？鉴于穷人通常少有机会出现在选举花名册上，政府是否奋力增加注册选民的数量？它们是否采取措施转换继承而来的国家机器、治理方式、国会、司法制度，等等？

对待武装力量的态度。是否采取措施转换这一机构？是否停止在美国院校培训军官，终结与美国军队的联合训练演习？军队是否被委派执行使其与人民密切联系的社会任务？其教育课程是否改变？是否拟定了新的国家安全信条？提拔军官的制度是否改变？

对待经济发展和人的发展的态度。政府是否认为满足人的需求的目标比积累资本更重要？它是否了解人的发展不能通过家长制实现？家长制通过将人民变成乞讨者解决问题，政府是否意识到这只能通过实践和创建使民众发挥能动性成为可能的空间来实现？

对待国家主权的态度。政府是否反对外来军事干涉、军事基地、耻辱性条约等？它是否恢复对自然资源的主权？它是否在寻找解决媒体霸权问题的办法方面取得进展？媒体至今依然掌握在保守主义势力手中。它是否推动恢复民族文化传统？

对待女性角色的态度。政府是否尊重和鼓励女性发挥能动性？

对待所有类型的歧视的态度。政府是否在消除所有类型的歧视（性取向、性别、种族、宗教等）方面取得进展？

对待生产资料和生产者的态度。生产资料社会所有是否增加？工人是否越来越成为工作场所的主角？脑力劳动和体力劳动之间的差异是否消除？工人的自我管理和自我治理能力是否增强？城乡之间的差距是否减小？

对待自然的态度。政府是否为推动环境保护寻求游戏规则的改变？它们是否努力从采掘主义模式向可持续发展模式过渡？它们是否执行了表明该国在未来将会较少依赖采掘工业的政策？它们是否处理工业化污染问题？它们是否禁止使用转基因作物和牲畜？它们是否开展教育运动以提高环保意识？它们是否鼓励并采取实际措施回收利用废弃物？

对待将社会财富掌握在自己手中必要性的态度。政府是否采取步骤实现政府职责的更大分权？它们是否允许公民参与设计国家规划？它们是否在各个社会层次执行参与式计划进程？

对待国际特别是拉美合作和团结的态度。政府是否探索与本地区其他国家一体化的道路？它们是否与本地区有需要的国家和衷共济？

对待民众能动性的态度。政府是否动员工人和人民执行特定举措，它们是否推动增加人民的能力和权力？它们是否理解对有组织、政治化的人民（能够施加必要压力，削弱继承而来的国家机器和权力，进而推动所主张的转型进程前进）的呼唤？它们是否理解我们的人民必须是主角而非配角？它们是否倾听人民的声音并允许人民发声？它们是否认识到能依靠人民同前进道路上出现的错误和偏差作斗争？它们是否给人民以资源并号召他们开展社会监督？总之，政府是否对塑造日益成为主人翁并承担政府职责的人民主体作出贡献？

第三部分　新领导权的新政治工具

一、建构一种新领导权（New Hegemony）

上文，笔者特别关注了作为我们想建设的新社会基本特征的参与式主人翁民主问题。也关注了那些政府决定通过和平或制度道路奔向社会主义国家的过渡阶段的特征。笔者探讨了一些此类政府可以采取的举措，指出了不是看前进速度而是看前进方向的必要性，因为速度在很大程度上取决于如何处理前进道路上遇到的障碍。

现在，笔者将关注我们如何能够实现必要的力量平衡以便向我们想建设的社会前进，以及此社会与领导权的关系。

（一）界定领导权

“Hegemony”一词通常用作“Dominance”的同义词，用于描述不同领域的形势，有经济领导权（Economic Hegemony）、军事领导权（Military Hegemony）、政治领导权（Political Hegemony）、文化领导权（Cultural Hegemony）。笔者这里使用该词来描述意识方面即文化领导权的问题[①]。

正如马克思一样，笔者的出发点是，在一个特定社会居主导地位并证明现有秩序的合理性的思想和价值，是统治阶级的思想和价值。这些思想和价值此前主要借助家庭、教会和学校系统传播，今天则越来越借助媒体特别是电视传播。正如智利社会学家托马斯·穆利安所说，肥皂剧已经成为当代群众的鸦片，在那些最不易受到严肃思想武装的社会部门影响巨大。

对笔者而言，当其价值、主张、社会项目被广大社会部门认同、理解看

① 这里笔者借鉴了葛兰西和两位研究葛兰西的学者的观点，见 Christine Buci-Glucksmann, *Gramsci y el Estado: hacia una teoría materialista de la filosofía*（Madrid: Siglo XXI, 1978）; and Luciano Gruppi, *El concepto de Hegemonía en Gramsci*（Mexico: Ediciones de Cultura Popular, 1978）.

待并接受时，一个阶级就变得具有支配性。领导权是武力强迫的对立物。

此外，我们不应该将“Hegemony”一词与统治“Domination”相混淆，因为当一个阶级的利益通过武力强加于社会时，它可以成为统治阶级；当其利益被人民作为自己的利益所接受时，它也可以成为统治阶级。因此，一个阶级可以通过恐怖实现统治，可以通过共识实现统治，也可以通过二者的结合实现统治。领导权不是一劳永逸获得的，也可能会失去。它通常在通过共识进行统治的政府开始失去其社会基础的支持时发生，它们会日益依赖专制手段去维持统治。因此可以说，让人信服的能力的削弱与使用武力的增加之间存在一种辩证关系。

当一个阶级变得有支配性时，它的成就之一是能形成一个社会共同体。也就是说，它能将一个异质社会团结成一个大联合体，阶级矛盾通常是异质社会的标志，在一些社会这一矛盾尤为严重。此支配性社会阶级的思想和主张发挥黏合剂的作用，有助于缓和不同社会部门之间存在的矛盾。

对这些旨在说服和团结其他人的主张，人民必须能感觉到它们将会帮助解决自己的问题，至少有“正采取的措施将解决问题”的想法，因为一旦人民意识到情况并非如此，支配权就开始消解。

1. 资产阶级获得民众对资本主义秩序的认可

在一些国家，资产阶级成功让其价值根深蒂固、对资本主义社会秩序产生广泛接受、取得对社会的文化领导权。也就是说，他们能够通过共识而非使用武力来治理。在这些国家，宣传通常得到精心设计，不仅能制造人为必要性，还能在重要社会群体中制造他们的问题能通过执行既有经济模式得到解决的幻觉。

2. 资产阶级领导权开始消解

资本主义的全球危机，在于其新自由主义形式在解决我们的人民面临的最严重问题方面的无能，使不幸快速增长、绝大多数人被排斥在外，同时越来越少的个体积聚了财富中的大部分，导致全世界越来越多的人反对这种模式。这是拉美许多国家的临界点，创造了我们选举主张替代新自由主义的领导人的条件，也是今天世界各地出现的社会运动和人民起义的原因。

（二）一个政治工具的必要性

资产阶级领导权的消解，不必然意味着一个新的人民领导权的出现。这不会同步发生，我们需要一个政治工具，一个帮助我们建设人民领导权的政治组织[①]。

最近几年，在越来越多的国家，越来越多的人反对既有秩序，他们没有明确的领导，占领了广场、街道、高速公路、城镇和议会。尽管动员了成千上万的人，但无论是其规模还是战斗力都没有让这些运动超越单纯的民众反抗的范畴。他们将总统拉下马，但没能掌握权力以开启一个深度社会转型的进程。

取得成功的革命的历史确认了一个事实，为了不浪费民众的能量并将其转化成一个能够带来变革的力量，需要一个政治组织。一个能够通过提出替代性的全国纲领帮助克服受剥削、受压迫群体的离散性和原子化的政治组织，让替代性的全国纲领充当广大社会部门的黏合剂。也需要能使关键时刻、关键地点行动一致地给予必须面对的强大敌人致命一击的战略和策略。在潜在的革命主体——工人阶级和农民——在每个国家都是成分如此复杂并呈碎片化的今天，情况尤为如此。

牢固可靠的组织凝聚力不仅使人民有能力去行动，也创造了一种促进积

① The following paragraphs are largely based on sections of Marta Harnecker, *Ideas for Struggle*（Toronto: Socialist Project, 2010）. I also touch on some of the ideas in Marta Harnecker, "Forging a Union of the Party Left and the Social Left," *Studies in Political Economy* 69（Autumn 2002）; *Harnecker, Rebuilding the Left; Marta Harnecker, La izquierda después de Seattle*（Santiago de Chile: Surda Ediciones, 2002）; Harnecker, *La izquierda en el umbral del Siglo XXI; and Marta Harnecker, Vanguardia y crisis actual o Izquierda y crisis actual*（Madrid: Siglo XXI, 1990）.

极介入不断演变的事件并让我们能利用可能的机会的内部氛围。我们必须牢记，在政治领域，有理还不够，也必须有时间和必要的力量去将之变成现实。

对于我们为何必须斗争缺乏清晰认识，缺少能帮助我们将决策付诸行动的可靠工具的感觉，二者的麻痹效应具有消极影响。

笔者承认，这些想法对当前的潮流不利。许多人甚至不愿就此开展讨论。他们因将此类思想与反民主、专制、官僚主义以及一些左翼政党操控政治实践联系在一起而持一种消极态度。

笔者相信，克服上述主观藩篱很重要。要明白，当笔者提及一种政治工具时，是在讨论一种适合新时代的政治工具，一种我们所有人应该共同打造的政治工具。

为制造或改造新政治工具，我们首先必须改变左翼政治文化及其政治观。这不能被简化为关于控制国会、地方政府的政治争论或通过法律或赢得选举。这种理解政治的形式忽视了人民及其斗争。政治也不能局限于可能的艺术。

对左翼而言，政治必须是让不可能成为可能的艺术①。这不是某种唯意志论者的声明。笔者在讨论的是将政治理解为建设能够改变力量平衡以利于民众运动和使今天似乎不可能的在未来成为可能的社会和政治力量的艺术。

笔者认为，此政治工具是通过承担维护所有被排除在外和在经济、社会、政治、文化各方面受到歧视的社会群体的责任来摒弃阶级简化论（Class Reductionism）的组织的一种。尽管它应该关注阶级，关注范围也必须拓展至民族文化、种族、性别、性和环境问题。它必须将有组织的工人斗争和女性、第一民族、非洲后裔、青年人、儿童、老年人、残疾人、同性恋等群体

---

① Harnecker, *Rebuilding the Left*, PP.66-72.

的斗争牢记在心[①]。

它必须是一种有能力发起能够将所有因危机而受苦的社会部门整合在一起并指导他们的组织。

它必须是一种为社会努力奋斗、尊重社会运动的自主性并拒绝操纵它们的组织。

它必须是一种服务于社会运动的导向性和联合性组织，因而它不必试图将每个为解放而斗争的人的所有合法代表揽入怀中。相反，它应努力将社会运动的实践协调成一个政治项目，通过制造会面空间以便各种各样的社会团体能彼此相互承认、在每个团体必须在自己所属的领域（街区、大学、学校、工厂等）开展的特定斗争中增强自觉性[②]。

它必须是一种认为政治是关于培植力量的艺术的组织。我们必须克服旧的根深蒂固地试图只培植政治力量不培植社会力量的错误。

（三）针对当前形势的政治战略：广泛阵线

我们需要一个能够利用当前危机的严重性以及受其影响的各部门的广泛性的政治组织。对于克服碎片化并将日益增长的各种社会反对派整合在一起以形成替代性的社会共同体而言，一种高度有利的局面出现了。一个极为广泛的社会组织和巨大力量，意味着它肯定持续增长并汇聚大量潜在跟随者。

在一个有左翼政府的地方，战略任务是黏合和动员那些对捍卫和深化政府开始推动并被反对变革的部门所激烈反对的变革感兴趣的所有社会部门。

这一将团结人口中的绝大多数的社会共同体的特征，会随着国家的不同而变化。每个社会部门、每个种族群体等的分量，在每个国家会有不同。在

---

① Ibid., P. 90.

② Ibid., P. 91. See also Enrique Rubio and Marcelo Pereira, *Utopía y estrategia, democracia y socialismo*（Montevideo: Ed. Trilce, 1994）,P.151; and Helio Gallardo, “Globalización neoliberal y alternativas populares” *Surda* 12（June 1997）: 13.

拉丁美洲，他们将不仅包括城镇和乡村的工人阶级和最贫困、最边缘化的部门等传统群体，可能也涉及中产阶级中变穷的部分、小规模和中等规模的企业主、店主、临时工、小规模和中等规模的农业生产者、多数专门职业者、失业人群、合作社成员、退休人员、警察和下层军官（副官和初级军官）。

笔者也相信，那些生意与跨国资本产生冲突的资本主义部门也可能成为此社会共同体的组成部分。笔者这里不是指那些有能力将他们自己的项目纳入国家发展的资产阶级部门。笔者指的是那些为了在新自由主义全球化背景下生存、除了加入全国项目外别无选择的部门。全国项目能通过贷款的形式给他们以支持和增长的国内市场，以及此类政府采取的社会政策的成果。

新自由主义使我们国家的绝大多数人民贫穷，不只是在经济意义上，也在他们的主观能动性和他们作为社会存在的意识方面。我们不应只讨论在经济方面受新自由主义制度影响的部门，也应讨论所有那些被其歧视和压迫的部门：女性、青年人、儿童、老人、原住民、非洲后裔、特定宗教群体、不同性取向者等。

此共同体应囊括那些为新自由主义影响所困并愿意投身于先是阻止新自由主义继而反转其进程的斗争中的所有人。

另外，在一个有人试图统治全球的世界，前所未有地需要为地区和跨区域层面的斗争创造条件、制定战略。世界社会论坛和其他具有国际属性的集会在这个意义上取得了显著进展，尽管还有很多事情要做。

乌拉圭参议员恩里克·鲁维奥（Enrique Rubio）1994年写的一段话时至今日依然正确，我们有必要团结所有被“排除在外、甩在后面、在全球范围内被统治和剥削，包括生活在发展中国家中的人们”，“有必要……从政治（无论是国内还是国外，无论是否军事，无论是否亲政党）、社会运动、科技复合体、文化和交流中心（在这里，观点在决定性的意义上展开）、自治组织等方面制衡资本主义……以一种略微纲要式（Schematic）和或许直接的方式来讲，革命将是国际的、民主的、多重的、深厚的，否则就不是革命。”①

笔者相信，为了建设此共同体，我们有必要提出使趋同成为优先选择的具体和特别任务。我们必须能够正确处理不同社会部门之间必然出现的矛盾。

发起一个为政治接合（Political Conjuncture）做铺垫的项目或平台很重要，它扮演凝聚所有新自由主义模式下的“失意者”工具的角色。它必须是一个主张终止新自由主义发展并提出关于人民当下面临的严重问题的具体替代办法的平台。

它必须是一个号召所有希望成为变革进程中的一部分的人参与的平台。笔者同意拉斐尔·阿加西诺（Rafael Agacino）的观点，“围绕民众需求制定政策、寻求共识的民主实践”非常重要。他认为，“我们正处理的”“是正为自下而上的政治开放空间，促进最为基本的面对面交流，围绕那些靠自己的劳动谋生的人的一般权利，推进协调有共同思想和意愿的人民之间的不同利益诉求。”②

该平台不能与政治工具的纲领相混淆。它必须更深探究要实现的目标和达成目标的道路。

如果我们关于资本主义替代社会的方案在本质上是民主的，应该清楚，我们必须赢得绝大多数人民的心③。我们不能强制推行我们的方案，我们必须让人民相信，对他们而言，这是最好的方案，鼓励他们参与建设新社会。

① Rubio and Pereira, *Utopía y estrategia*, PP.149-150.

② Rafael Agacino, “Movilizaciones sociales: coyuntura y aperturas políticas del período” *Plataforma Nexos*, May. 2012.

③ I further expanded on this idea in Marta Harnecker, “Hacia la construcción de una nueva hegemonía. anticapitalista. Tareas de nuestros gobiernos y de la organización popular” speech given at the University of Central America（UCA）San Salvador, October 21, 2011.

为实现这些目标，我们能做什么？

首先，我们必须意识到只对人民演讲是不够的。正如查韦斯总统所言，人民的心是在实践中赢得的，为人民理解方案的本质同时成为其建设者创造机会。

其次，我们的号召必须涵盖广泛，不能排斥任何人。所有希望为集体利益和人民健康工作、团结他人的意志坚定的人，都应被涵盖在内，而不应考虑其政治谱系或宗教信仰。

再次，我们的态度必须让人民感觉他们的观点、信息、批评、反映和倡议得到考虑。

这也蕴含着我们不能只为我们的支持者而治理的认识。我们的进程为何能赢得许多人的赞同，因为他们看到政府帮助那些境遇糟糕的人，而未考虑他们是否是政府的支持者。

这是为何必须区分阴谋搞破坏的反对派与建设性反对派的原因，避免将他们一视同仁。笔者认为，如果我们能做到认可反对派的积极倡议而非谴责他们所做的一切，将有助于争取那些当前与我们不在同一阵营的人。我们必须同他们的错误思想、不当主张作斗争，我们必须通过理性、条理清晰的论据而非言语攻击彻底打败他们。或许言语攻击能受到最激进部门的欢迎，但却被大多数中产阶级和许多民众所反感。这些类型的攻击通常让人感觉不舒服。

我们必须反问自身，尽管我们的替代资本主义的社会主义方案是美丽、深厚、变革型的，反映了绝大多数人的利益，为何主张此类方案的政府还未获得所有应该支持此方案的人的支持？

笔者认为，很大程度上因为相当部分的人不知道我们方案的真正本质。反对派媒体大肆散播假消息，炮制假警报，并经常以未来会发生什么来恐吓人民。但造成此种局面的，不只是反对派媒体的原因，也有我们的因素。在充分阐释我们的方案的本质方面，我们通常存在大问题。对于此任务，我们没有付出足够的时间、资源和创造性。更糟的是，许多情况下恰恰是我们行动的方式否决了我们自己的方案。我们主张建设一个民主、休戚相关、透明和不腐败的社会，但实践中却存在威权、侍从主义、自我为中心、不透明等方面的问题。许多时候，我们的言行之间存在巨大差距，因而我们说的变得不可信。

因此，我们不应惊讶，重要社会部门尚未认同我们的方案，而我们有必要争取他们。我们必须纠正错误与偏差，只有如此我们才能赢得对社会的领导权。

二、一种新政治工具

前面，笔者讨论了建构新领导权的必要性，以及为何一种政治工具对于实现领导权必不可少。现在，笔者想就我们需要的政治工具的类型和此政治工具应承担的任务发表一些看法。

（一）政治工具的必要性

历史经验表明，为推动向社会主义过渡，国家或政府的干预至关重要。为何国家干预必不可少？资本主义也是如此吗？不，资本主义发展的历史进程非常不同。

资本主义生产关系诞生在前资本主义社会的怀抱，资产阶级革命的唯一任务是攫取政治权力，利用它推动具有自身发展逻辑的资产阶级生产模式的扩张。

资本主义的动力被解释为通过剥削雇佣劳动满足对利润的渴求和由经济逻辑引领的管理此进程的经济法则。国家只为了创造资本主义生产模式的两个基本条件而进行干预：一是生产者与生产资料的完全分离；二是资本的原始积累。当此生产模式确立后，国家则为方便其运行逻辑进行干预。

然而，社会主义生产关系则不是同步诞生于前面的社会形态的怀抱，需要某种在人民的支持下获得国家权力（至少是政府权力）的政治组织的干预。这是因为，从那个位置，它们能创造条件，逐步在社会的不同经济领域建立社会主义生产关系，其速度取决于每个国家的客观条件。

1. 沉重的文化传承

必然成为建设新社会的主角的人民，不是从天上掉下来的，他们背后有沉重的文化遗产。这是为何如果想建设社会主义，需要一个文化转型进程的原因，一个逐步克服利己主义、消费主义、让每个人产生等待国家解决自身面临的问题的习惯的家长制文化的进程。

21世纪社会主义只有在我们成功让当代和下一代人富有一种新的人文主义和休戚与共伦理（尊重自然，强调存在而不是拥有）的情况下，才能巩固自身。

此外，如果我们追求的目标是每个人的全面发展，每个人不同于他人，社会主义文化的最重要特征之一必须是尊重差异性，同所有类型的歧视特别是性别歧视作斗争。

2. 革命主体的碎片化

我们继承的现实的另一个方面是一个极为碎片化的社会。利用碎片化是敌人削弱我们的战略之一。我们的过渡进程通常依靠成分复杂的工人阶级进行。而工人阶级的力量被临时雇工制、转包制所削弱，内部分化严重，不只是因为由新自由主义导致的客观条件，也因为意识形态差异、个性和考迪罗主义。也有许多社会组织和政治组织为自身目标奋斗，却忘了最重要的事情是革命。

3. 人民没有治理经验

尽管战略目标是人民自治，即人民治理自己，他们获得权力，但这不是一夜之间可以实现的。正如阿里斯托布洛·伊斯图里斯所说，我们的人民没有“参与文化”，没有“实际治理经验”，他们习惯于“民粹主义，任人唯亲，不从政治角度考虑问题，要东西。”因而有必要在特定时期同人民共同治理，以便他们能学习自治①。

（二）政治工具的任务

建设社会主义势必要求发展新生产关系，推动能让我们超越继承而来的文化的真正的文化革命，塑造作为整个革命进程基础的革命主体。它也要求人民通过自治形式做学徒。这些不是同步发生的，这是为何需要一个政治工具的原因。

下面是此政治工具必须承担的最重要任务的清单：

通过与文化遗产中的有害部分作斗争，努力改变人民的意识。马克思认为，不仅为了改变现存条件，而且为了改变工人自身，为其行使政治权力做准备，几十年的内战和国际冲突是必要的②。通过他们的社会实践和斗争，人民必须抛弃继承而来的文化中的污垢，同时开始发现、试验和在生活中吸纳新价值——人道主义、休戚与共、尊重差异、反对所有类型的歧视。

但是，这些实践还不够。需要新思想起来反对旧思想，不然为何马克思终身致力于撰写《资本论》？正如菲德尔所说，我们需要开展思想战。如果没人领导，战斗不会取胜。这从另一方面解释了需要一个政治工具的原因。

此政治组织也必须承担起草教育战略的责任——基于实践和结构化课程——它将使其成员和人民更容易获取新知识。此类知识将使他们能够对继承而来的文化持批判态度，并开始承担越来越多与建设新社会相关的责任。

为我们想建设的国家设计方案，指导进程采取的方针。一个政治组织之

---

① Marta Harnecker, *Haciendo camino al andar*（Caracas: Monte Ávila, 2005）,PP.334-335.

② Karl Marx, “Revelations Concerning the Communist Trial in Cologne 1853” in Karl Marx and Frederick Engels, *Collected Works*, vol. 11（New York: International Publishers, 1975）,P. 399.

所以被需要，因为我们需要一个为一项主张、一份纲领或作为替代资本主义的全国性方案准备第一份草稿的主体。纲领或方案应作为我们探索前进道路的地图，以确保我们不迷失方向、使社会主义建设走正确道路、不混淆当前必须做的与未来必须做的、知道采取什么举措并如何加以实施。换句话说，我们需要一个指南针，以确保航船不随波逐流，而是安全抵达目的地。

笔者探讨了政治组织起草的第一份草案，因为笔者相信我们必须非常警惕，随着逐步推进，此方案应不断通过社会实践结合社会参与者的观点和建议加以丰富和调整。正如上文指出的，社会主义不能通过自上而下发布命令建设，它必须与人民一起建设。

罗莎·卢森堡（Rosa Luxembury）反复强调，通往社会主义的道路不是提前铺设好的，也没有预先设定的程式和蓝本，因为“当代无产阶级不根据任何在一本书或一种理论中复制的蓝本开展斗争；当代工人斗争是历史的一部分，社会进化的一部分，我们从历史、进化和斗争中学习应该如何斗争。”[①]

这项任务需要时间、需要研究，也需要关于国内国际形势的知识。它不是一夜之间能临时拼凑的，更不用说我们生活的世界异常复杂。方案必须以全国发展计划的具体形式体现在作为地图的纲领中。

政治工具必须持续推动关于大的全国性问题的讨论，以便全国发展计划和源自它的更为具体的项目不断得到丰富。我赞同法鲁科·塞斯托（Farruco Sesto）的观点，这些讨论不能只是简单的观点碰撞，而应该“引导形成集体建设性观点和关于问题的答案……补充或反对其他观点的主张将使得形成共享真实。”

塞斯托认为，政治组织应该是“产生供全国使用的战略思想的大型研

① Rosa Luxemburg, “The Mass Strike, the Political Party and the Trade Unions” *Marxist Internet Archives*, http://www.marxists.org/archive/luxemburg/1906/mass-strike/.

讨班。”①

特别是，政治工具不仅应鼓励内部讨论，也应鼓励积极参与那些上文曾提到的围绕大局性主题的所有利益相关方均能参与的公开讨论。

因此，笔者还是赞同塞斯托，既然政党不是远离人民而是应“在人民中探寻存在的价值”，讨论的理想场所是“民众运动的怀抱”。此外，“如果革命的战略方针之一是将权力转让给人民，意味着转让的不只是做决策的能力，还有决策的基础”，因为“产生思想和弄清要走的路是行使权力最重要的活动。”②

消除我们继承的社会和政治碎片化。我们需要一个意识到创建一个有成千上万成员的大型组织还不够的政治实体，它必须超越这点。我们必须开创人民能会晤的空间（网络或现实）。我们必须力图通过将包括政党、社会运动、组织和个人等在内的所有主体召集到一起讨论共同目标，来鼓励既有的各种解放实践开展合作。我们的政治工具应该是推动人民团结一致的范例，能让无数男女充满热情地为共同目标奋斗。

另一方面，我们应该通过我们的政治工具努力建设集体领导。鉴于魅力型领导继承的是极度碎片化的社会，我们应该理解魅力型领导在过渡进程的起始阶段能够发挥的积极作用。他们的魅力能在很大程度上团结不同社会部门。但这些领导人也应该意识到，好的领导人是那些创造条件，让自己变得越来越不是必不可少的领导人。他们应该鼓励新领导人的成长以及集体领导的建设。

---

① Farruco Sesto, *¡Que viva el debate!*（Caracas: Editorial Pentagráfica, 2009）,PP.10-11.

② Sesto, *¡Que viva el debate!*, PP.27-28. 亚历山德拉·科伦泰下面的声明与此类似，“害怕批评和思想自由，加上官僚主义异化，经常导致有害结果。没有思想自由就没有自我活动，因为自我活动不仅通过倡议、行动和工作也通过独立思想体现。”Alexandra Kollontai, “The Workers’ Opposition,” https://www.marxists.org/archive/kollonta/1921/workers-opposition/index.htm.

笔者这里列出的因素有助于理解为何几位总统寻求允许和积极推动连选连任的决定受到反对派的强力攻击，指责他们想永久执政。

在这个意义上，有必要指出，《纽约时报》曾为持续连任辩护。2008 年 10 月 1 日，该报评论批评任期限制，因为它支持纽约市长连任。《纽约时报》认为，任期限制倾向于使当选的官员更关注能快速执行的短期计划而不是基于未来长远考虑从而要求更多执行时间的项目。如果一个市长要求更多时间，我们能想象那些寻求彻底改变社会的总统将需要多少时间。因而，一些统治者决定采取措施使得他们连任，我们对此不应感到惊讶。

鼓励和促进人民的能动性参与。最后，我们有最重要的任务，因为没有它我们将不会成功建设社会主义。需要的是一个鼓励民众在该国最为多变的社会和政治环境中发挥能动性的政治工具，这一政治工具服务于民众参与，以便人民自己建设新社会。我们绝不能重复苏联的经历，克鲁泡特金批评苏联共产党淹没了群众组织的创造性倡议①。

只有如此我们才能忠诚于革命实践对工人解放必不可少和民众运动的命题。我们的最重要目标，即人的全面发展，是通过实践达到的。

我们有必要额外加上两点。

物色和招聘能给政治工具注入新的活力并促进其更新的新干部。所有致力于建设社会主义的进程，都面对干部匮乏的问题。通常情况下，政治上和技巧上能够执行有效建设社会主义所必然要求的大量复杂任务的革命干部，非常少。这是为何所有左翼政府不得不依赖许多曾为前政府工作的、革命意识尚未充盈的专业人士和有专长的技术人员的原因。

如果我们真的希望推进建设社会主义，此情况必须改变。政治工具应该

---

① Peter Kropotkin to V. Lenin, 21 December 1920, http://dwardmac.pitzer.edu/Anarchist_Archives/kropotkin/kropotlenindec20.html.

特别留意发掘那些在革命进程所创建的各种民众参与空间中涌现的新干部。

或许，作为临时措施，革命可以依赖投身于革命项目的外国专业人士和技术人员，其最重要的工作将是开启训练国内新干部的进程。

另外，需要拥有新价值观的新干部，以更新和振兴政治工具。

提前警示察觉到的不足和正在犯的错误。鉴于我们的政府将面对如下限制——建设任务不得不在继承而来的国家结构下开展，那些与我们没有共同目标的专业和技术干部将任职于此国家结构，新政府不得不依赖政治意识远未达到理想状态的人民，在此方面匮乏和不足盛行的社会如何转变生产关系从未有过试验。要经常对付为了参加选举而创建的、为那些希望利用党员身份获取某种工作或特权的机会主义分子所困扰的政党，由于合格干部的匮乏而暂时不得不接受政党高层领导人也是国家高级官员的事实，不得不面对即使最革命的干部也可能会变得“官僚化”的长期困扰——政治工具应该及时发现具有客观基础的不足或错误。继承而来的国家机器有腐蚀干部的惯性，吞没那些逐渐放弃革命逻辑并开始依据管理逻辑行事或变腐败的官员。

在具有这些特征的进程中，难以避免错误和偏差。那解释了作为革命进程批判性良心开展行动又富有自我批判精神的政治工具的必要性，提前发出警告，以便错误和偏差得到纠正。

（三）我们需要的政治活动家的特征

如果政治活动家想对旨在通过实践实现人的全面发展的社会主义建设作出贡献，最重要的任务必然是鼓励民众的能动主义并为其提供便利。

为此，我们应该从改变思考政治的方式开始。我们不能将政治简化为奋力在政府机构获得工作，也不能因为我们认为自己掌握真理就试图自上而下治理。

让我们看看新政治组织的成员必须具备的最重要特征。

1. 生活方式与行动主义（Activism）

当我们建设社会主义时，面对的困难之一是人民的文化遗产，他们继承的观念意识的类型。我们不得不在人民尚未将社会主义价值观作为他们自己的价值观时建设社会主义。但我们不能在没有社会主义者的情况下建设社会主义。该如何解决这一矛盾？由于投身于早期的斗争，一些人成功转变了观念并开始追随社会主义价值观。这些人应该成为新政治工具的成员。

那些新政治工具的成员应该当心，自己的实践不能违背我们希望建设的新社会的价值观。

在一个腐败盛行的世界，政党和政治正越来越丧失威信，我们展现激进的伦理侧面（包含我们日常生活中展现的价值）至为重要。我们必须是民主的，休戚与共，愿意与他人合作，珍视战友情谊，不惜任何代价保持诚实，保持头脑清醒。我们必须呈现出活力和生活乐趣（Joie de Vivre）。

我们的实践必须与我们的政治话语保持一致。奥克塔维奥·阿尔韦罗拉（Octavio Alberola）指出，“人民离开那些许诺实现对所有社会阶级一视同仁的民主，当其忠诚信徒不再盲目接受他们的箴言时却戒绝其基本言论自由的教会……总参谋部独立地协商并就所有人的福利达成协议……大型组织（政党）剥夺了个体成员的倡议、行动和发言权利……”[①]

因为社会革命的目标“不只是斗争求生存，也是斗争转变我们的生活方式”，正如奥尔兰多·穆涅斯（Orlando Núñez）所说，“我们必须冒险进入道德和爱的王国，探寻一种我们生活、思考和感情的直接日常改造。”[②]

如果我们为女性的社会解放奋斗，我们应该现在立刻开始改变家庭中的男女关系，消除家庭劳动中的分工和性别歧视文化。如果我们将年轻人视为

---

① Octavio Alberola,“Etica y revolución” *El Viejo Topo* 19（April 1978）: 35.

② Orlando Núñez, *La insurrección de la conciencia*（Managua: Editorial Escuela de Sociología de la Universidad. Centroamericana, 1988）, P.29、P.60.

“工作的原材料”，我们必须教育他们自己思考，拥有自己的立场并有能力以其所思所想为基础捍卫立场。如果我们反对种族歧视，我们必须与我们自己生活中的行为方式一致。

2. 无派别（Nonsectarian），愿意对话和合作

我们必须清楚，想要取得胜利，需要绝大多数人民的支持。为此，我们必须创造人民能够会晤和交换观点的空间，必须协调所有革命力量。

所有宗派主义表现，每个专横霸道的态度，只会减缓向社会主义前进的步伐。我们不能只是因为我们是多数派（即使我们是压倒性多数），就勉强别人接受我们的观点和候选人。一个小革命组织按比例可能比多数派政党拥有更多适合承担政府任务的干部。质量应该比数量更重要，当然，要忠诚于政府纲领。我们必须避免重蹈智利人民团结联盟通过配额制（Quota System，每个政党都有一个指标，实施自己的政策）共享所有职位的覆辙。

我们应该向 21 世纪社会主义的新社会角色学习。他们对民主主题感觉特别敏锐。他们的斗争成为反对压迫和歧视斗争的起点。他们反对被操控，要求自主，要求能够以民主方式参与决策。在他们的组织中，他们求同存异，在无法达成共识的情况下，通过大多数作出决定。例如，巴西无地工人运动，避免通过勉强多数将其意愿强加于少数派。其认为，如果不是绝大多数，通过勉强多数强制推行一项措施没有意义。最好等到人民不断成熟，最终他们自己意识到该措施的正确性。通过这样做，无地工人运动避免了内部灾难性分裂，避免了可能犯大的错误。而内部分裂往往是困扰左翼社会运动和左翼政党的顽疾。

另一方面，当少数派愿意通过内部民主进程获得帮助时，我们应该尊重少数派的立场。不要忘记，历史上，由于其对形势的分析更为准确、能发现特定社会部门的真正动机，一些少数派被证明是正确的。

3. 纪律严明

另一个特征是我们的成员应该有纪律。巴西无地工人运动认为内部纪律是尊重集体决策的一项举措。无论是大决策，还是小问题，都应该有纪律，如准时到会。

若昂·佩德罗·施特德勒（João Pedro Stédile）说，“如果哪怕至少有一点纪律，人民会尊重各级作出的决定……这既不是军国主义，也不是专制主义；只是民主的一条规则”“没有控制整个团体行为的规则和规章，没有民主。纪律包含接受游戏规则。我们从足球和世界上最古老的组织教会中学到这些……如果有人处于其自愿加入的组织中，他们必须助力制定规则并尊重规则，他们必须遵守纪律，尊重集体。否则，组织不会成长。”①

4. 尊重人民自治组织

我们必须帮助人民自治组织的自主发展，摒弃任何操纵企图。我们必须将“不只是政治干部有思想和主张，民众运动可以提供很多”作为我们的主要原则之一，因为它通过日常斗争学习、发现道路、找到答案、发明丰富多样的方法。

5. 不是具有“我命令，你服从”心态的干部，而是大众教育者

新政治工具的成员特别是领导人不能有“我命令，你服从”的心态。政治干部必须首先是大众教育者，也应是最重要的大众教育者，能够掌握人民群众中存在的所有智慧——来自人民的文化传统、斗争传统的智慧和人民在日常生计中获得的智慧。我们必须将人民智慧与政治组织能够贡献得更为全球性的知识结合。这是为何“通过服从命令”这一标语如此充满智慧的原因。

---

① Marta Harnecker, *Landless People: Building a Social Movement*（Sao Paulo: Editora Expressão Popular, 2003）, PP.231-232.

（四）官僚主义：最大的祸害

官僚主义是对苏联社会主义造成最大损害的偏差之一。为什么这样说？因为它破坏了人民的活力和创造性。官僚主义也破坏了新社会实际建设者的活力和创造性，因而妨碍了21世纪社会主义目标的达成，即人民通过革命实践实现自身全面发展。

鉴于官僚主义的灾难性影响，笔者选择深入探讨这一问题。

1. 官僚主义的根源

上文讨论分权这一主题时，笔者说过，不能将苏联存在官僚主义简单归结为沙皇遗产。相反，认为过度集权导致官僚主义可能更为正确。如果过度集权必然导致官僚主义，此现象也能出现在国家机构、政党和其他类型的公共或私人机构中。

此外，如果只是繁文缛节和分流的问题，要做的无非是改善管理方式。但那样行不通。

那么，官僚主义这一灾难的根源在哪里呢？它与关于在一个机构中如何管理的认识和实践这一基本问题相关。高级公务员或干部作决策，是因为他们认为他们是唯一有相应专长的人吗？或者说，成员和有组织的人民的活力和创造性有没有得到信任？

2. 背弃人民主动性的公务员或干部

苏联曾流行“如果工人和农民致力于国家重建，只有在被帝国主义或内战摧垮的国家才能取得进展”的说法。但是，当工人和农民把这些说法当真了，并尝试在实际生活中的各种场合积极主动加以运用时（例如，组织人民自助餐厅或日护中心，以增加女性劳动机会），他们的努力却遭到当局反对，党和政府均以各种借口反对。底线是党不能容忍人民做不受其控制的事。

3. 直接否定人民的自治活动

官僚主义是对自治活动的直接否定。任何独立倡议，任何新思想，都被视为异端邪说，违背党的纪律。中央必须决定和监督每件事情。如果命令不是来自中央，什么事也做不了。

俄罗斯女权主义革命家和工人反对派领导人亚历山德拉·柯伦泰（Aleksandra Kollontai）举了一个鲜活例证，“如果一些喜欢鸟的俄罗斯共产党员，决定组织一个保护鸟类社团，将会发生什么？想法本身似乎有用。它不以任何方式影响任何国家项目。但只是似乎如此。突然之间会出现一些官僚机构声称有权管理此特定事务。这些特定机构将立即将该社团‘纳入’苏联国家机器，因而抑制了直接倡议。代替直接倡议的，将出现大量纸质法令和规章，为数百其他官员提供充足工作。”①

4. 别人为你做决定

官僚主义试图通过由一个人或一个小团体作出的正式决策解决问题，党内和一些国家机构都是如此，但却从未与真正的利益相关者商议。这种操作方式不只限制了党员也限制了群众的主动性。官僚主义的本质是别人为你做决定。

（五）有必要鼓励公开批评以拯救党

正如前面讨论过的，让我们自己免于继承而来的文化中的污垢，要求一个长期文化转型进程。马克思认为，此文化转型只能在内战和人民斗争后的几十年的时间完成，历史证明他是对的。不只普通百姓难以改变，即使政治组织的一些成员也是如此。

即使在革命斗争方面经验最丰富的政党，那些领导民族解放战争许多年的政党，也受官僚主义和腐败的困扰。尽管他们在多年领导人民解放斗争的过程中作出巨大牺牲，一些领导人还是不再为人民服务，变得傲慢，以蛮横方式对待他人，享受特权，变得腐败。

① Kollontai, “The Workers’Opposition.”

1. 为何出现这些情况

我们必须牢记，革命的肩上背负着继承而来的文化包袱，一种那些公职人员总是有特殊考虑和特权的文化。

另外，如果他们的政治前途不取决于他们应该服务的人民而是取决于上级，这些公仆更倾向于满足上级的要求而非回应人民的需求和期望，这很正常。由于他们希望取悦上级或获得金钱回报，往往会出现篡改数据或在牺牲工作质量的代价下取得上级要求的结果的情况。实际上，社会主义国家夸大生产数据的情况相当普遍。但是，这不仅从道德的视角看是消极的，从政治的视角看也极为消极，因为篡改数据，导致他们提供的是关于真实情况的不良信息，这阻碍了党或政府采取必要的纠正措施。

那些献媚其领导的人往往被提拔到更高职位，而那些持批评态度、采取独立立场的人即使有才干也被边缘化。

因为不鼓励人民监督干部的行为方式，而出于个人目的侵吞公共资源变得特别诱人。

2. 如何与这些错误和偏差作斗争

我们如何与这些错误和偏差作斗争？政党自身能通过创建负责处理这些情况的内部伦理委员会等方式解决问题吗？似乎这不是解决之道。

历史表明，特别是在一党制政权或者有控制政府并经常将自身与政府相混淆的主导政党的政权，有必要自下而上监督政党，让其接受公共批评。那似乎是阻止干部变得官僚、腐败、认为自己是人民命运主宰进而抑制民众能动性的唯一道路。

毛泽东强调了批评和自我批评的必要性，他形象地将其比喻为屋子需要经常打扫以防止积满灰尘。“正是抵抗各种政治灰尘和政治微生物侵蚀我们同志的思想和我们党的肌体的唯一有效的方法”，“不惧怕批评和自我批评”，

"言者无罪，闻者足戒"，"有则改之，无则加勉"①。

（六）批评公职人员以挽救党

当面对政党干部的错误和偏差时，有些记者试图说服我们相信，任何政党或任何政治工具，都是坏的。笔者认为，上文已经论证得很充分了，建设社会主义不能没有政党。因此，问题在于，不是试图不要政治工具，而是探索纠正这些可能出现的偏差的方法。

列宁认为，为挽救苏联，有必要接受反对官僚主义的罢工运动。我们同样认为，为挽救我们的政府和绝不是其领导人简单相加的政治工具，我们必须允许有组织的人民公开质疑一些干部可能犯的错和出现的偏差。

对此，有一个基本观点。我们必须牢记，政治组织是为了我们能实现所有人的全面发展的社会主义目标而创建的一种工具，因而人民而非政党是最重要的。人民有权监督这一帮助他们发展自己的工具，确保它履行职责，确保其干部真正帮助激发民众的能动性，确保他们不试图抑制人民的主动性甚或不尊重人民，遑论利用公职获取特权或不正当回报。

如果我们是现实主义者，我们不能想象政党的领导人会剖腹自杀。领导人通常希望通过其下属和人民保护自己免受批评。因此，由人民监督政府和政党领导人的行为至关重要。因而必须允许人民公开批评这些领导人的错误，且不会因此而被指控有"反党态度"。政治工具必须意识到，处理这些导致自己声望受损的傲慢、腐败官员只会使党得到加强。

人民对领导人所犯错误和出现的偏离的不安不能在沉默中忍受，因为它会累积并随时爆发。如果建立表达不满的渠道，被确认的缺陷会及时得到纠正。

---

① Mao Zedong, "On Coalition Government," 24 April 1945, *Marxist Internet Archive*, http://www.marxists.org/reference/archive/mao/selected-works/volume-3/mswv3_25.htm.

1. 公开批评不会削弱革命，反而会加强革命

一个经常用来谴责公开批评的观点认为，公开批评会被敌人用来削弱政党和过渡进程。这是为何有些人控告那些批评的人反党或反革命的原因。

在这一点上，菲德尔·卡斯特罗关于批评和自我批评的评论很重要。在革命成功半个世纪后，他在接受《世界外交论衡月刊》(Le Monde Diplomatique) 编辑伊格纳西奥·拉莫内访谈时作出了相关评论。2005 年 11 月 17 日，古巴革命领导人指出，必须发起针对古巴存在的小范围的腐败、偷盗国有资产、非法致富等特定恶行的“殊死”斗争。他还告诉拉莫内他们正“号召全国在这场战斗中合作，反对包括偷盗和大规模浪费在内的所有类型和出现在任何地方的缺点。”当拉莫内问他为何“借助批评和自我批评的常规方法不管用”时，菲德尔答道：

> 我们曾相信批评和自我批评，这是真的。但这变得近乎陈腐。因为使用的方式，该方法不再真正起作用，批评倾向于在小团体内部；从未进行广泛的批评。例如，在剧场，成千上万人进行批评……
>
> 我们必须在教室、工作场所内外、市镇和乡村使用批评和自我批评……我们必须利用人的羞耻感。①

访谈的后半段，在承认革命犯过的各种错误后，回答拉莫内的另一个问题时，菲德尔说，“我不怕承担我必须承担的责任……我们不能懦弱。让他们攻击我，让他们批评我。是的，许多批评肯定是伤人的……我们必须承担风

① Ignacio Ramonet, *Cien Horas con Fidel* (Havana: Oficina de Publicaciones del Consejo de Estado, 2006), P.677.

险，我们必须有说出真相的勇气。”

菲德尔的下述言论，笔者觉得最为有趣，让人惊讶：

> 那些国外的强盗说什么，有线电视明天、后天作出怎样的讽刺性评论，都没有关系。谁笑到最后，谁笑得最好。那不是说革命的坏话。那是说关于革命的好事，因为我们谈论的是能处理这些问题、比马德里斗牛士更勇敢面对危险的革命。我们必须有勇于承认自己错误的勇气，因为这是我们实现目标的唯一道路。[①]

总之，公开批评能被敌人用来攻击党和革命，也能被革命者更好地用来及时纠正错误，进而增强党和革命。

2. 何时公开批评将不再必要

如果政治工具有良好的信息系统，使得其快速确认哪个干部犯了错或走偏。如果它立即采取针对那些干部的措施，就没有公开批评的必要。如果相关信息由党外或党的基层党员提供，党有时间处理信息并实施相应惩罚，也没有任何公开批评的必要。

但是，如果这些条件不存在，每天发生的错误和偏差被包括反对派在内的每个人尽收眼底，笔者的观点是，除了公开谴责他们，像菲德尔说的那样，求助于那些因其态度对政治工具造成破坏的干部的羞耻心，别无选择。

请求那些掌握干部缺点一手材料的人监督他们的行为，公开批评他们的错误和偏差，不是更好吗？这样是否有建设性？那不比让迫不及待想破坏我们的革命的敌人声讨他们更好吗？

① Ibid., PP.682-683.

3. 如何避免无政府主义批评

强调公开批评的必要性，不意味着忍受任何旧式公开批评。我们必须避免无政府主义的、破坏性的、无确实根据的批评。批评必须充满解决问题的渴望，而不是增加问题的数量。

为此，有必要：其一，批评和检举有充分根据；其二，对无确实根据的批评和检举给予强力制裁；其三，批评的同时有解决建议；其四，首先想方设法将批评意见报告给党，如果一段时间后没有得到答复，可以公之于众。

理想情况是党采取主动，放开公开空间，以便所有感兴趣的人能将他们关于特定地区的党组织和国家干部如何运作的观点为人所知。

结　论

这些关于对建设21世纪社会主义而言必不可少的政治工具的描述，旨在展现我们如何设想越来越多的拉美政府正奔向的目标。

为让此任务成功，我们需要一种新的左翼文化：一种包容的多元文化，将团结置于首要位置，围绕休戚与共、人道主义、尊重差异、保护环境等价值推动团结一致，摒弃逐利以及将市场规律作为指导人类活动的原则。

我们需要一个开始意识到激进不包括提出最激进的口号或开展最激进的行动的左翼——只有极少数人赞同的最激进的口号或最激进的行动，会吓退多数人——它能创造将最广泛的社会部门尽可能团结在一起的空间，以便各种观念能彼此交流，共同战斗。意识到许多人和我们一样处于同样的斗争中是使我们强大的要素，也是让我们变激进的因素。

我们需要一个认识到我们必须取得领导权的左翼。换句话说，我们需要说服而非强制取得领导权。

我们需要一个认识到在未来为赢得主权和建设让人的全面发展成为可能的社会（即 21 世纪社会主义社会）而共同行动比过去曾做过什么更重要的左翼。

参考文献

Agacino, Rafael. "Movilizaciones sociales: coyuntura y aperturas políticas del período," *Plataforma Nexos*, May, 2012, http://www.plataforma-nexos.cl/index.php?option=com_content andview=articleandid=137:movilizaciones-sociales-coyuntura-y-aperturas-politicas-del-periodoandcatid=35:plataformaandItemid=32.

Aharonian, Aram. "Latin America Today," paper presented at International Situation and Twenty-First Century Socialism conference, Centro Internacional Miranda, Caracas, September 30, 2009.

Alberola, Octavio. "Etica y revolución," *El Viejo Topo* 19 (April 1978) .

Ambrogi, Thomas E. "Jubileo 2000: La campaña para la cancelación de la deuda," *Revista del Sur*, September 1999, http://old.redtercermundo.org.uy/revista_del_sur/texto_completo.php?id=735.

Balibar, Etienne. “Sur la dialectique historique (Quelques remarques critiques a propos de Lire le capital) ,” in *Cinq études sur le materialismo historique* (Paris: Maspero, 1974) .

de la Barra, Ximena. “Miradas hacia el futuro: el papel del nuevo dialogo sureño,” in *Diálogo Sudamericano: Otra Integración es Posible*, ed. R.A. Dello Buono (Santiago de Chile: Editorial Bolivariana, 2007) .

——. “Estructuras legales transformadoras en América latina en el siglo XXI,” *Revista Sociedad y Equidad* 1 (January 2011) .

de la Barra, Ximena, and R. A. Dello Buono. “From ALBA to CELAC: Toward ‘Another Integration’ ?,” *NACLA Report on the Americas* 45/12 (Summer 2012) .

Bellamy Foster, John. *Marx's Ecology: Materialism and Nature* (New York: Monthly Review Press, 2000) .

Biardeau, Javier. “El nuevo socialismo del siglo XXI. Una breve guía de referencia,” April 5, 2009, http://saberescontrahegemonicos.blogspot.com.au/2008/02/el-nuevo-scialismo-del-siglo-xxi-una.html.

Britto García, Luis. “Tegucigolpes,” July 12, 2009, http://luisbrittogarcia.blogspot.com.au/2009/07/tegucigolpes.html.

BuciGlucksmann, Christine. *Gramsci y el Estado: Hacia una teoría materialista de la filosofía* (Madrid: Siglo XXI, 1978) .

Burbach, Roger, Michael Fox, and Federico Fuentes. *Latin America's Turbulent Transitions: The Future of Twenty-First-Century Socialism* (London: Zed Books, 2013) .

Castro, Fidel. Speech given on the occasion of the 10th anniversary of the Committee for the Defense of the Revolution, September 28, 1970.

Castro, Raul. Speech given at a seminar for the delegates of the Matanzas

Popular Power Assembly, August 22, 1974.

Ceceña, Ana Esther. "Honduras y la ocupación del Continente," *Alai*, August 17,2009, http://alainet.org/active/32415.

——. "Procesos emancipatorios y militarización de nuestra América en el siglo XXI," Línea Sur (Ministerio de Relaciones Exteriores, Comercio e Integración, Ecuador, No. 4, 2013) .

Chávez Frías, Hugo. *Discurso de la unidad* (Caracas: Ediciones socialismo del siglo XXI, 2007) .

Chomsky, Noam. "El control de los medios de comunicación," in Noam Chomsky and Ignacio Ramonet Miguez, *Como nos venden la moto.Información, poder y concentración de medio* (Barcelona: Ed. Icaria 1996) .

Devine, Pat. Democracy and Economic Planning: *The Political Economy of a Self-Governing Society* (Cambridge: Polity Press, 1988) .

——. "Social Ownership and Democratic Planning," in *Feelbad Britain: How to Make It Better*, ed. Pat Devine, Andrew Pearmain, and David Purdy (London: Lawrence and Wishart, 2009) .

Dos Santos, Theotonio. "Las lecciones de Honduras," July 6, 2009, http://theotoniodossantos.blogspot.com.au/2009/07/las-lecciones-de-honduras.html.

Drago, Tito. "América latina con los ojos puestos en China," November 27,2012, http://www.titodrago.com/index.php?option=com_contentandview=articleandid=1489:america-latina-con-los-ojos-puestos-en-chinaandcatid=4:politica-internacionalandItemid=14.

Engels, Frederich. "Principles of Communism," in Karl Marx and Frederick Engels, *Collected Works*, vol.6 (New York: International Publishers,1976) .

——.Engels to C. Schmidt, August 5, 1890, in Karl Marx and Frederick Engels,

Selected Correspondence (Moscow: Progress Publishers, 1965) .

Fukuyama, Francis, "The End of History?, " *The National Interest*, Summer 1989.

Gallardo, Helio. "Globalizaciόn neoliberal y alternativas populares," *Surda* 12 (June 1997) .

García Linera, Álvaro. "Estado plurinacional," in *La transformación pluralista del estado*, ed. García Linera, Luis Tapia Mealla, and Raúl Prada Alcoresa (La Paz: Muela del Diablo, 2007) .

——.Concluding remarks at press conference during the 6th International Forum on Philosophy, Maracaibo, Venezuela, 2012.

García Brigos, Jesús P. "Cinco tesis sobre los consejos populares," *Revista Cubana de Ciencias Sociales* 31 (2000) .

González, Fernando, Dario Machado, Juan Luis Martín, and Emilio Sánchez. "Notas para un debate acerca del hombre nuevo," *Ponencias Centrales. Seminario El socialismo y el hombre en Cuba* (Havana: 1988) .

Gruppi, Luciano. *El concepto de Hegemonía en Gramsci* (Mexico: Ediciones de Cultura Popular, 1978) .

Harnecker, Marta. Cuba: *Dictatorship or Democracy?* (Westport, CT: Lawrence Hill, 1979) .

——.*Reflexiones acerca del problema de la transición al socialism* (Managua:Nueva Nicaragua, 1986) .

——.*Vanguardia y crisis actual o Izquierda y crisis actual* (Madrid: Siglo XXI,1990) .

——.*Forjando la esperanza* (Santiago de Chile: LOM ediciones, 1995) .

——.*La Izquierda en el umbral del Siglo XXI: Haciendo posible el imposible*

(Madrid: Siglo XXI 2000) .

——.*La izquierda después de Seattle* (Santiago de Chile: Surda Ediciones,2002) .

——. "Forging a Union of the Party Left and the Social Left," *Studies in Political Economy* 69 (Autumn 2002) .

——. *Militares junto al pueblo* (Caracas: Vadell Hermanos, 2003) .

——.*Landless People: Building a Social Movement* (Sao Paulo: Editora Expressão Popular, 2003) .

——. *Haciendo camino al andar* (Caracas: Monte Ávila, 2005) .

——. *Los desafíos de cogestión* (las experiences de Cadafe y Cadela) (Caracas:La Burbuja Editorial, 2005) .

——. "La lucha de un pueblo sin armas," Rebelion, September 10, 2006, http://www.rebelión.org/docs/95161.pdf.

——. *Rebuilding the Left* (London: Zed Books 2007) .

——. *Los conceptos elementales del materialismo histórico* (Mexico: Siglo XXI, 2010) .

——. "De los consejos comunales a las comunas," *Rebelión*, February 22, 2010,http://www.rebelion.org/docs/97085.pdf.

——. "Latin America and Twentyfirst Century Socialism: Inventing to Avoid Mistakes," *Monthly Review* 62/3 (July–August 2010) .

——. "Tiempos políticos y procesos democráticos: Entrevista con Alberto Acosta," *Rebelion*, September 21, 2010, http://www.rebelion.org/docs/113474.pdf.

——. "Ecuador: Los gabinetes itinerantes: una forma de acercar el gobierno al pueblo," *Rebelión*, December 1, 2010, http://www.rebelion.org/docs/117764.pdf.

——. "Hacia la construcción de una nueva hegemonía anticapitalista: Tareas de nuestros gobiernos y de la organización popular," speech given at UCA, El Salvador, October 21, 2011.

——. "Five reflections About 21st Century Socialism," *Solidarity Economy*, June 18, 2012, http://www.solidarityeconomy.net/2012/06/18/five-reflections-about-21st-century-socialism/.

——. "Conquering a New Popular Hegemony," *Links*, September 21, 2012,http://links.org.au/node/3038.

——. "Entrevista colectiva a dirigentes estudiantiles de la FECH, " Santiago de Chile, November 25, 2012, unpublished.

——ed. "La descentralización ¿fortalece o debilita el estado nacional?," *Rebelión*, May 14, 2009, http://www.rebelion.org/docs/97088.pdf.

Harnecker, Marta, with Federico de Fuentes. *Ecuador: Una nueva izquierda en busca de la vida en plenitud* (Caracas: Monte Avila 2013) .

——.*MAS-IPSP: Instrumento político que surge de los movimientos sociales*, (Caracas: CIM, Monte Ávila Editores, 2008) .

Herman, Edward S., and Noam Chomsky. *Manufacturing Consent: The Political Economy of the Mass Media* (New York: Pantheon Books 1988) .

Hernández, Gustavo. "Banco del ALBA y el Financiamiento al Desarrollo," SELA, Caracas, Venezuela, 2008, http://www.sela.org/DB/ricsela/EDOCS/SRed/2008/06/T023600002884-0-Banco_del_ALBA_y_el_financiamiento_al_desarrollo.pdf.

Hinkelammert, Franz. *Cultura de la esperanza y sociedad sin exclusión* (Costa Rica: DEI 1995) .

Hobsbawm, Eric. *La historia del siglo XX* (*1914—1991*)(Barcelona: Crítica, 1995) .

Isaac, Thomas, and Richard Franke. *Local Democracy and Development.The*

Kerala's People Campaign for Descentralized Planning, (Boulder, CO:Rowman and Littlefield, 2002) .

Jiménez Guillén, Raúl, Elizabeth Rosa Zamora et al. *El desarrollo hoy en América Latina* (Mexico City: Colegio de Tlaxcala, 2008) .

Kollontai, Alexandra. "The Workers' Opposition," *Marxist Internet Archives*. https://www.marxists.org/archive/kollonta/1921/workers-opposition/index.htm.

Kropotkin, Peter. Letter to V. Lenin, March 4, 1920, http://dwardmac.pitzer.edu/Anarchist_Archives/kropotkin/kropotlenindec203.html.

Lebowitz, Michael A. *Build It Now: Socialism for the Twenty-first Century* (New York: Monthly Review Press, 2006) .

——. "Venezuela: A Good Example of the Bad Left," *Monthly Review* 59/3 (July - August 2007) .

——.*The Path to Human Development*: Capitalism or Socialism? (Toronto:Socialist Project, 2009) .

——.*The Socialist Alternative: Real Human Development* (New York: Monthly Review Press, 2010) .

——. "A Path to Socialism: Building Upon the Foundations Begun by Hugo Chávez," *Links*, March 2014 http://links.org.au/node/3741.

Lenin, Vladimir I. "Resolution on the Current Situation," *Collected Works*, vol.24 (Moscow: Progress Publishers, 1977) .

——. "The Impending Catastrophe and how to Combat It," *Collected Works*,vol. 25 (Moscow: Progress Publishers, 1977) .

——. "Report on the Activities of the Council of People's Commissars," *Collected Works*, vol. 26 (Moscow: Progress Publishers, 1977) .

——. "The Immediate Tasks of the Soviet Government," *Collected Works*, vol.27 (Moscow: Progress Publishers, 1972) .

——. "The Proletarian Revolution and the Renegade Kautsky," *Collected Works*, vol. 28 (Moscow: Progress Publishers, 1974) .

——. "10th Congress of the RCP (B) ," *Collected Works*, vol. 32 (Moscow: Progress Publishers, 1965) .

——. "Our Revolution," *Collected Works*, vol. 33 (Moscow: Progress Publishers, 1980) .

——. "How Should We Reorganize the Workers' and Peasants' Inspection," *Collected Works*, vol. 33 (Moscow: Progress Publishers, 1965) .

——. "On the Role and Functions of the Trade Unions in the New Economic Policy," *Collected Works*, vol. 33 (Moscow: Progress Publishers, 1965) .

——. "The Question of Nationalities or 'Autonomization,' " *in Lenin's Last Fight* (New York: Pathfinder Press, 2006) .

Llancaqueo, Víctor Toledo. *Pueblo mapuche: Derechos colectivos y territorio: Desafíos para la sustentabilidad democrática* (Santiago de Chile: LOM,2006) .

Luxemburg, Rosa. "The Mass Strike, the Political Party and the Trade Unions," *Marxist Internet Archive*, http://www.marxists.org/archive/luxemburg/1906/mass-strike/.

Maneiro, Alfredo. Ideas políticas para el debate actual, *Selección de Marta Harnecker* (Caracas: Ministerio del Poder Popular para la Cultura, 2007) .

Marx, Karl. Letter to F. A. Sorge, September 27, 1877, in Marx and Engels, *Selected Correspondence* (Moscow: Progress Publishers, 1965) .

——.*Critique of the Gotha Program* (Moscow: Progress Publishers, 1971) .

——. "Economic and Philosophic Manuscripts of 1844" in Marx and Engels, *Collected Works*, vol. 3 (New York: International Publishers, 1975) .

——. "Revelations Concerning the Communist Trial in Cologne 1853," in Marx and Engels, *Collected Works*, vol. 11 (New York: International Publishers, 1975) .

——.*Capital*, vol. 1 (New York: Vintage Books, 1976) .

——.*Capital*, vol. 3 (New York: Vintage Books, 1976) .

——. "The Civil War in France," in Marx and Engels, *Selected Works*, vol. 2 (Moscow: Progress Publishers, 1977) .

Matus, Carlos. *El líder sin estado mayor* (La Paz: Fundación ALTADIR, 1997) .

Mészáros, István. *Beyond Capital* (New York: Monthly Review Press, 1995) .

Montero Mejía, Álvaro. "Honduras: las trampas de la mediación," *Alai*, July 10,2009, http://alainet.org/active/31597andlang=es.

Moulián, Tomás. *Chile actual, anatomía de un mito* (Santiago de Chile: Ed.Arcis/LOM, 1997) .

——.*Socialismo del Siglo XXI: La Quinta Vía* (Santiago de Chile: LOM Ediciones, 2000) .

Núñez, Orlando. *La insurrección de la conciencia* (Managua: Editorial Escuela de Sociología de la Universidad Centroamericana, 1988) .

Ospina, Hernando Calvo. "Siguen las tensiones entre Colombia y Ecuador," *Le Monde Diplomatique*, June 29, 2009.

Partido Socialista de Chile, "Elementos a considerar para la política de participación de los trabajadores en la empresa industrial," unpublished document from 1971.

Pérez, Justino Martínez. "Triple grito por dignidad, justicia y vida," *Red Ciudadana por la Abolición de la Deuda Externa*, http://www.rcade.org/deuda/

articulos/consultabrasil.doc.

Petras, James. "Latin America—Four Competing Blocs of Power," April 17, 2007, http://petras.lahaine.org/?p=1700.

Pomar, Valter. "La línea del Ecuador," *Rebelión*, October 12, 2008, http://www.rebelion.org/noticia.php?id=77280.

——. "Las diferentes estrategias de la izquierda latinoamericana," in *América Latina hoy ¿reforma o revolución?*, ed. German Rodas (Mexico City: Ocean Sur, 2009) .

——. "10 anos de PT no governo e o desafío de uma esquerda socialista de massas: Entrevista especial com Valter Pomar," HIU Online, March 30, 2013, http://www.ihu.unisinos.br/entrevistas/518837-10-anos-de-pt-no-governo-e-uma-esquerda-socialista-de-massas-entrevista-especial-com-valter-pomar.

Raby, Diana.*Democracy and Revolution*: Latin America and Socialism Today (London: Pluto Press 2006) .

Ramonet, Ignacio. *Cien Horas con Fidel* (Havana: Oficina de Publicaciones del Consejo de Estado, 2006) , 677.

Rauber, Isabel. "Los pies, la cabeza y el corazón de Evo Morales," *Rebelión*, January 3, 2011, http://www.rebelion.org/noticia.php?id=119661.

Regalado, Roberto. "Introduction," in *América latina hoy ¿reforma o revolución?* ed. German Rodas (Mexico City: Ocean Sur, 2009) .

——. "Es necesario construir una contrahegemonía popular," *Rebelión*, October 19, 2009, http://www.rebelion.org/noticia.php?id=93265.

Rubio, Enrique, and Marcelo Pereira. *Utopía y estrategia, democracia y socialismo* (Montevideo, Ed. Trilce, 1994) .

Sader, Emir. "La crisis hegemónica en América Latina," in *El desarrollo hoy en América Latina*, ed. Raúl Jiménez Guillén, Elizabeth Rosa Zamora etal. (Mexico City: Colegio de Tlaxcala, 2008) .

Sallari, Andrés. "Honduras: ¿Un golpe de estado contra Barak Obama?," 9 July 2009, http://andressallari.blogspot.com.au/2009/07/honduras-un-golpe-de-estado-contra.html.

Sánchez Ancochea, Diego. "China' s Impact on Latin America," *Observatory on Chinese Society and Economy* 11 (June 2009) .

Sesto, Farruco. ¡Que viva el debate! (Caracas: Editorial Pentagráfica, 2009) .

Shanin, Teodor. *Late Marx and the Russian Road: Marx and "The Peripheries of Capitalism"* (New York: Monthly Review Press, 1983) .

Stolowicz, Beatriz. *Gobiernos de izquierda en América Latina: Un balance politico* (Bogota: Ediciones Aurora 2007) .

——. "El debate actual: Posliberalismo o anticapitalismo" in *América Latina hoy ¿reforma o revolución?*, ed. German Rodas (Mexico City: Ocean Sur, 2009)

Tapia Mealla, Luis. "Gobierno multicultural y democracia directa nacional," in *La transformación pluralista del estado*, ed. Álvaro García Linera, Tapia Mealla, and Raúl Prada Alcoresa (La Paz: Muela del Diablo, 2007) .

Tello, Enric. "Economía y ecología en el camino hacia ciudades sostenibles," *Papeles de la FIM N°8* (Alternativas al desarrollo)(Madrid: FIM, 1997) .

Toussaint, Eric. "Venezuela, Equateur et Bolivie: la roue de l' histoire en marche," CADTM, November 2, 2009, http://cadtm.org/Venezuela-Equateur-et-Bolivie-la.

Ugarteche, Oscar. "El Banco del Sur y la arquitectura financiera regional," *Alai*, December 12, 2007, http://alainet.org/active/23083andlang=es.

U.S. Embassy, Asuncion. "Paraguayan pols plot parliamentary putsch," March

28, 2009, http://wikileaks.org/cable/2009/03/09ASUNCION189.html.

Vicent, Mauricio "La OEA levanta la sanción que excluye a Cuba desde 1962," *El País*, June 4, 2009, http://elpais.com/diario/2009/06/04/internacional/1244066410_850215.html.

Vivas, Esther. *La lucha contra la deuda externa, campañas internacionales y en el Estado español* (Madrid: El Viejo Topo, 2007) .

Zecevic, Miodrag. *The Delegate System* (Belgrade: Jugoslovenska stvarnost, 1977) .

Zedong, Mao. "On Coalition Government," 24 April 1945, *Marxist Internet Archives*, http://www.marxists.org/reference/archive/mao/selected-works/volume-3/mswv3_25.htm.

译后记

虽然原著是一本小册子，但因为三方面原因——作者是知名学者，著作等身；原著获得了委内瑞拉“解放者批判思想奖”；先后有智利学者、阿根廷学者向我推荐过该书——让我倍感压力，生怕译文不能准确、完整展现作者的本意。正式着手翻译前，先通读了一遍，感觉没有太难译的地方，略微放心。随着翻译逐步推进，愈发受制于知识背景的匮乏和语言功底的薄弱，翻译过程磕磕绊绊。幸好有强大后盾和外援！特别是在书名和书中的一些专业术语的厘定方面，周思成、李月军、闫健、贺之杲、徐瑞柯等才俊提供了建设性意见。对他们表示由衷的感谢。也特别感谢中国社会科学院马克思主义研究院组织译丛，感谢编辑老师和出版社。

虽然努力按照“信达雅”的要求翻译，但是鉴于译者自身水平有限，译文存在诸多不足，请读者海涵并多多批评指正。